外から見た日本の雇用

崔　勝淏

八千代出版

プロローグ

　本書の目的は、日本と韓国を比較しつつ日本社会に見られる諸現象を眺めることにある。この日韓比較は、筆者が現在日本の大学で教員をしながらも、韓国人という外国人の立場にあること、そして物事の考え方（判断の仕方）にいまだにどうしても韓国的なものがあり、韓国との比較というプリズムを通して眺める癖から逃れられないことによるものであろう。

　本書の内容は、基本的には筆者の専門である経営学を中心に、そのなかでも特に長年研究してきた雇用問題に関する事柄を踏まえながら、筆者自身が強く感じている日本社会における雇用問題の矛盾、不明、不思議と思われる点について、問題提起的な性格をもつものである。そしてもう1つ、専門とは関係なく外国人研究者として長年日本で大学生らと接する生活で目に入ってくる不思議なニッポンの風景を、筆者ならではのユニークな視点と感性でもって語ってみる性格ももつ。つまり前半部は筆者の専門領域で感じたことの整理が中心となり、後半部は雇用問題を超えて、一般の社会や経営の問題を中心に学生たちとも一緒に話し合いたいニッポンの日常の風景が中心になっている。

　本書の企画は、私事で恐縮ではあるが、筆者が日本と韓国を行ったり来たりした特別な経験により、ごく自然（偶然）に磨いてきた鋭い見極める力の感覚について読者の皆さんと一緒に語り合い、そして日本人とはやや違った目線や考え方から問題提起するものでもある。

　筆者自身が最初に来日したのは1988（昭和63）年のことで、1人の普通の留学生としてであった。そこから8年後の1996年に経営学博士をとり、いったん母国に戻り、韓国の大学で教授として韓国人学生らを教えてきた。その後いろいろな縁が重なり、再び来日したのが2006年である。再来日からもう9年が経つ。最初の来日から数えると26年、日本での生活は17年になる。その間韓国の大学生とは10年、日本の大学生とは9年接してきた経

i

験をもつ。韓国と日本という隣同士の国を行ったり来たりするうちに、自然に母国韓国を客観的な目で理解できるようになり、第2の故郷である日本（正確には東京）への理解も深まり、2つの国の比較というプリズムを通して物事を判断することにも慣れてきた。そのような経験に裏打ちされ自然に癖にまでなった日韓比較が元となり、場合によっては普通の日本人や韓国人がまったく感じないことまで感じ取るような鋭い感覚をも手に入れたと思っている。

再び来日したとき、当時一緒に留学していた後輩に偶然出会った。その後輩は、留学以降一度も日本を離れず日本の大学で教えているのだが、その後輩の一言が今回の文章を書くきっかけとなっている。それは、「先輩、結局戻ってきたんですね、それなら今度ぜひ先輩の鋭い日本論を聞かせてね」というものであった。その一言に触発され、以後自分の内に培ってきた「比較」という特別な鋭い目線、そして経験から得た特有の日本論、ものの考え方や見極める力を整理してみることに決めた。

実はもう1つきっかけがある。それは、現在勤めている大学の職員から「先生も韓国のことを本に書いてくださいよ。ぜひ読みたいです」といわれたことである。偶然の韓国ブーム（韓流）を経てポスト韓流の時代に突入した現在の日本社会を眺めることの楽しさを感じながら文章を書いている。そうしたなかで比較を通して感じ取る内容は、読む人によってはやや変わった内容と感じるかもしれないが、これもまたある意味立派な韓国論であり、また日本論であると思う。

筆者の専門は経営学であり、問題の関心は主に雇用問題にある。本書のなかで語る日本や韓国の社会や文化に関するところは、専門外でありながら、日々大学で多くの学生らと接しながら考えたこと、感じ取ったことが主になっている。面白いこともあれば、考えさせることもあるだろう。まったく考えたことのないこともあれば、本当にそこはそうなのかと素朴な疑問を覚える表現もあるだろう。また場合によっては、根拠の乏しい個人的な感想と感じられる内容も少なくないと思うが、それはそれで面白い発想として、そ

して論点にやや無理はあるけれどもそのような考え方・アプローチの仕方もありうるかと受け止めてくれれば幸いである。基本的には韓国との比較の観点から、日本社会や日本的（型）と呼ばれる事柄に対して問題提起的性格をもつものが中心であると理解してもらえればありがたい。いわば、韓国人からみた日本の雇用と経営・社会論といった内容である。

　比較というプリズムを通して日韓両国を眺めてみることの良い点は、どれが日本的（型）で、どれがそうでないのかがよく見えてくることだと思う。一般に日本的といわれていることが必ずしも日本に限定されたものではなく、韓国にも存在していたり、日本特有のものがある意味普遍的なものであったりもする。似たような文化圏の両国を比較してみると、より厳密な意味で日本的なものが発見できたりする。この本にはそうしたものを詰めこんでいる。

　最後に、ここに書かれた内容がすべてではなく、当然のことながら違った見方や見解もあるだろう。しかし、この本を読むうちに新しい発見ができればそれもまた楽しいのではないかと期待する。そうした意味で、本書の内容が正しいかそうでないかという単純な観点で読み進めるよりは、普段とはやや違った視点から物事を考えてみることの楽しさを発見し、あまり関心のなかったことへの問題提起に対して、それを考えてみるといった読み方をしてもらいたい。そうすることによって、読者はとても有意義で楽しい一人旅の時間をもつことになろう。

　勝手ながら、本書を記しつつ、この2年近く自由に日本と韓国の不思議なものへの発見の旅ができたことは、とても幸せである。

2014年8月8日、東京にて

目　　次

プロローグ　　i

第Ⅰ部　不思議な国・ニッポンの「危機の雇用」を考える

1章　日本の雇用と非正規化 ——————————————— 3
1. 危機の雇用論――今起こっている就職難の本当の原因――　3
2. いわゆる「非正規」は「不幸」か　6
3. 「非正規雇用」問題とは何か――その特殊性と普遍性――　8
4. 非正規と正規の対立は起こるのか　11
5. 日本型「正社員」とは　12
6. 「責任ある仕事」とは何か　15
7. いわゆる「同一（価値）労働・同一賃金」は可能か　17

2章　日本の雇用と人材育成・能力開発 ——————————— 21
8. 日本的「人材育成」と「能力開発」について考える　21
9. 日本の企業社会において「能力」を伸ばすことについて考える　23
10. 日本の職場における「人材育成」と「能力開発」　25
11. 役所（地方自治体）の人材育成（能力開発）について考える　27
12. 「残業」の構造とそのメカニズムへの老婆心　30
13. 大学院教育の存在価値と意味合い　32
　　―社会人および生涯学習としての大学院教育―

3章　若者の雇用と就活・内定システム ——————————— 35
14. いわゆる「3年でやめる若者」は悪いか　35
15. 「新規学卒一括採用」慣行を考える　37
16. 現代の日本の就職活動（就活）システムと内定システムを考える　39
17. 今、新卒者の就職の厳しさ（就職氷河期）を考える　42
　　―若者の意識と就職とのミスマッチ―
18. 就職活動（就活）にいわゆるスペック（スペシフィケーション）は有効か　44

19. 就活の虚実と大学の役割　47
20. キャリアの節目と「弱いつながり（weak tie）」の有効性　49

4章　女性雇用とキャリア──────────────── 53
21. 「ワークライフバランス」の理解のためのいくつかの側面　53
22. ワークライフバランスといったときの「バランス」の条件　54
23. 日本でいわゆる「ワークライフバランス（WLB）」が進まない理由はほかにあるのか　57
24. Work-Life Collision（ワークライフ衝突）を考える　59
25. 仕事と生活の「両立」を考える―現実問題としての選択の仕方―　61
26. 男性の家事への参加を考える　63
27. 働く女性の役割意識と「自己効力感（Self Efficacy）」　65
28. 女性雇用の再就職と非正規化（労働の質の低下）の問題　68
29. 発想の転換　70
　　―男女「平等性」適用社会から、男女「公正性」確保社会へ―

5章　高齢者雇用と引退──────────────── 73
30. 加齢（エイジング）と高齢者の役割変容への理解　73
31. 引退と（日本的）隠居の関係―日本と韓国との比較を中心に―　76
32. 日本における高齢者雇用問題への接近―新たな課題と議論―　79

第Ⅱ部　不思議な国・ニッポンの「雇用と経営」を考える

6章　日本的経営と企業のグローバル化──────────── 85
33. 「企業の社会的責任（CSR）」再考　85
34. 企業に道徳（モラル）はあるか　88
35. Sustainable (Enterprise) VS Going-Concern　90
36. 今の時代、ニッポン社会に求められるグローバル人材とは何か　92

7章　日本の雇用と経営──────────────── 97
37. 日本型教育訓練システムと知識伝播のメカニズム　97
38. すでに始まっていた知識社会の真の姿　100

39. リスクとリスクマネジメントを考える　　*102*
40. なぜ、今ドラッカーなのか―ドラッカーの真の評価とは―　　*106*
41. 日本の職場文化（1）―あいまいな職務評価と人材観―　　*109*
42. 日本の職場文化（2）―組織の硬直性と議論の無駄化―　　*111*
43. 企業のための弁明―環境問題と企業（経営）のジレンマ―　　*112*

第Ⅲ部　不思議な社会・ニッポンの「文化と意識」を考える

8章　日本と韓国の文化の違い ──────── *117*
44. 韓国人は個人プレー、日本人はチームプレー　　*117*
45. 日本型「公正」と韓国型「公正」概念の差異　　*119*
46. 日本の「忠」VS 韓国の「情」　　*121*
47. 日本の「情」と韓国の「情」　　*123*
48. 若者文化の普遍と特殊―日本と韓国の比較―　　*125*
49. 「死」や「自殺」に関する日韓の差異　　*128*

9章　不思議なニッポンの文化と意識 ──────── *131*
50. 「自己責任」論の広がりとその前提条件　　*131*
51. 日本型「責任」構造の変容　　*133*
52. 日本の「見える化」は日本人を幼児化させる　　*136*
53. 日本はいわゆる「信頼」社会なのか　　*138*
54. 日本の「ジャンケン」文化―物事の決め方としての「ジャンケン」―　　*140*
55. いじめとは何か、日本のいじめ問題への接近　　*142*

第Ⅳ部　不思議な社会・ニッポンのその「未来」を考える

10章　ニッポンの「未来」のための助言 ──────── *147*
56. 戦略と戦術を考える―戦略と戦術の混同―　　*147*
57. 「そもそも論」VS「どうする論」―議論への接し方と進め方―　　*149*
58. 良質（肝心）な「情報」を見極める力の培養について考える　　*151*
59. 日本の「安心」VS アメリカの「信頼」　　*153*
60. 労働慣行における「ニッポン」と「アメリカ」の差異　　*156*

11章　ニッポンの「未来」のための老婆心 ——————— 159
61. 公平性（平等性）VS 公正性（納得性）の議論　*159*
62. いわゆる「失敗」で真摯になるのか　*161*
63. 日本の「閉塞感」はどこから来ているのか　*164*
64. 日本社会の病理現象　*166*
65. 今のニッポンで、「夢」をもつこと、「希望」をもつことの意味　*171*

エピローグ　*175*

第Ⅰ部

不思議な国・ニッポンの
「危機の雇用」を考える

1章
日本の雇用と非正規化

1. 危機の雇用論―今起こっている就職難の本当の原因―

　よく聞く求人倍率とはあくまでも全体の労働市場の数の問題であって、それがそのまま実際の就職市場にぴったり当てはまるものではないので、有効求人倍率1.09（2014年春現在）の数値には、それなりの解釈が必要であろう。実際、いくら厳しい労働市場であってもある階層にとっては希望通りの就職は可能であろうし、ある階層においてはかなり厳しいものになるのは、世の中のルールに従えば、ある意味当然のことであろう。

　確かに不況のときには、受け入れ側である企業が上位に立っているし、好況のときには求職している学生が上位に立つようになる。ただ、いつの時代においても企業はなるべく少しでもよい（優秀と思われる）学生を採ろうとするし、学生もなるべくよい（大手で名が通っていて給料も高い）会社に就職したいと思うであろう。

　しかし、日本の内定方式では、「優秀」といわれる一部の学生らがまず複数の企業の内定を勝ち取り、結果としてある時期までその他の学生にとっては、求人数で見るとかなり不利な状態に置かれているということになりかねない。それは今の内定システムの仕組みが悪いのか、それともそもそも希望が高過ぎるのか、どちらが理由なのか判断することは難しい。どちらにしろ、個人的には、日本の内定システムの仕組みはよくないと思っている。この話は本書の趣旨とはまた少し違う話になるので、この「内定の社会学」（筆者はこのように表現し、これから少し興味をもって研究しようとしている）については、

別の機会にあらためて記すこととしたい。

　「今の学生たち」の「能力」について語るには、かなり幅広い議論が必要ではあるが、ここで少しだけ述べると、いつの時代においても若者は未熟であり、（価値観の確立した上の世代の人々は）自分たちの世代と比べると何かしら問題があるといっているが、実際にはほとんど根拠のない発言（見解）であると思われる。しかし、だからといって今の若者が優れているかというと決してそうではなく、世界的（国際的）な流れからみて少し問題がある（＝消極的・受身的かつ自分主義で安易な姿勢であるなど）といってよいであろう。しかし、筆者が一つだけ肯定的にいうならば、今の若者はある意味で純粋であり、与えられたことは自分なりに一所懸命やろうとするので、つまり結果的によい（？）上司（リーダー）にあたれば／恵まれれば、それなりの誠実した成果を出せるのではないかと評価している。

　またそれとの関連で、「情報」に関して一つ筆者が言いたいことは、情報とは誰にとっても等しい価値をもつものではなく、自分とかかわりのない情報は、ある意味何の意味のないまるでゴミのような存在であるということである。つまり、情報が情報として成り立つためには、少なくとも自分が（よい？）情報として自ら意味を与える（気づく）必要があるということである。また、情報の量と質の重要性のことであるが、数としてのあふれるほどの量であっても、自分に必要な（意味のある）情報はほんのわずかな情報のはずだし、その中でも質の高い情報となるとほんとうに１つか２つあれば幸いということになるだろう。

　したがって、もちろん昔のように情報自体が足りない時代とは比べられないにしても、現在あるいは今後の私たちの前にある世界（時代）では、確かに情報の量より質が問われるだろうし、自分自身にとって意味のある（使える）情報は限りなく少ない（いつも足りない、ほんのわずか、ほとんどない）と考えた方がよいであろう。したがって、このような時代の情報に関する教育のあり方は、あくまでも「見極める力」を養うことと、正確に「意味を与える」ことに尽きると思う。ただ、この２つの重要な力を養う教育においては、

長期的かつ緻密に学際的な学習能力を養う総合的な教育が（キャリア教育を含め）必要なのはいうまでもあるまい。

　つまり、自分にふさわしい就職（仕事）を考える際に重要なことは、私たちに聞こえてくる就職に関する情報をどのように判断すべきなのかという問題と関連していうならば、存在する情報自体よりは、その情報に関する取り扱い方や受け止め方、あるいは使い方に注意を払わなければならない、ということであろう。

　なぜ、ここで情報の話をするかというと、今起こっている就職難の本当の原因の1つとして、この情報のミスマッチの問題があるからである。もちろん、各種メディアから私たちに届くすべての情報に問題があるとはいえない。しかし、少なくとも情報の分け方によってはかなりゴミのような情報が混じっていることをいいたいのである。価値のない、ゴミのような情報に関しては別の機会に譲りたい。

　そして一部の層だけが複数を得ている状況（内定システム）の功罪を別にしても、今起こっている就職難のもう1つの本当の原因に関していうならば、人間（学生側）の欲望と実際の職場（仕事）とのミスマッチがあることを指摘したい。少なくとも現在においても多数の中小企業において求人難が深刻であるということを思い出せば、筆者のいいたいことがよくわかるのではないだろうか。

　現在の日本の労働市場における情報と就職（仕事の場）のミスマッチを少しでも解決するためには、情報の発信と受け止め方の改善とともに、今まで慣行化されてきた日本の内定システムの改革が必要であろう。つまり、慣行化された内定システムの仕組みを抜本的に変えることによって、今の危機的雇用の状態からの脱出はもちろん、特に日本の若者の就職難の改善も期待できるかもしれない。

　決して日本社会だけの問題ではないが、健全な中堅企業や中小企業への就職を嫌い、名前の通った大手企業だけを好むような社会的偏見や個人的意識もまた就職難の問題の中心部にあり、国際的・社会的不安の増加の時代とは

いえ、リスクを避け、安全（安定）性に走る近年の若者の意識もまた望ましくはないであろう。

　また就職といっても新卒の第1次就職だけが存在するのではなく、就職後の働き方や職務満足などの問題もまた考慮すべき重要な課題であるのに、目に見える第1次就職市場だけが浮き彫りにされる社会システムやマスコミの報道もまた問題であるように思える。

　自分の適性や趣味、潜在的才能に見合った就職ではなく、大手企業であれば、そこのどんな部署でも、どのような働き方でもよいとする未熟な発想もまた問題であろう。そして教育現場（大学など）においても就職だけが重要視され、就職率の高さを宣伝するばかりで、教養や知識そして知恵を学ぶことには関心がなくなったこと、教育の不在ともいうべきところも実に大きな問題である。

2. いわゆる「非正規」は「不幸」か

　非正規が増えている。本人たちはおそらく不満であると感じるだろう。しかしながら、なぜ日本社会で非正規だけが増えるのだろうか。そして非正規を選択（特に非自発的に）した人たちは実際不幸であろうか。このようなことを少し考えてみたい。

　非正規への選択には、自発的選択と非自発的選択がありうる。自発的な選択にも実は非自発的な選択に近いような内容もありうる。つまり、世の中に妥協したり、あきらめたり、とりあえず我慢したりする場合も決して少なくない。世の中の現状がわかってしまうと、どうしてもそれ以上乗りこえるための頑張りや努力をあきらめてしまい、結果的にぎりぎりのところで妥協をし、表面的には自発的な選択として見られる場合もかなり存在するのではないだろうか。しかし、議論を進めるために、中身はどうであれ自発的な選択はここでは対象外としよう。非自発的な選択について議論を進めていきたい。

　非自発には、まずどうしても正規になりたい気持ちがあって仕方なく非正

規を選択する場合が考えられる。しかし、この場合においても注意しなければならないのは、一種の正規に対する神話（思い込み）がありうる。それには、情報の誤り、あるいは過剰解釈・拡大解釈による不適切な判断がなされる可能性が考えられる。つまり、正規が正しくて、非正規は正しくない、望ましくないという判断である。果たしてそうなのであろうか。正規がメインで、当たり前で、しかもすべてがよくて、非正規はその逆であるという考え方には、まったく賛成できない。どこかに発想の大きな間違いがあり、もしそうだとすれば、正規になることだけを考えれば済む話になるので、むしろ話は簡単かもしれない。

　問題は、非正規を正規にすれば済むというものではなくて、正規も非正規もその与えられた（期待された）役割と果たすべき課題があるという認識と理解が必要であろう。そうでなければ、すべての非正規は実際に不幸であろう。でも実際に積極的な意味での非正規の選択もあるだろうし、非自発的であってもそのすべてが非正規だからという理由だけで不幸であるという直接的な結びつきは、必ずしも正しくない。

　当然のことではあるが、非正規であれ正規であれ、不幸に思う人もいれば、満足し幸せだと思う人もいるだろう。不幸かどうかに関する問題は、仕事の中身であったり、取り組み方であったり、仕事や組織に対する心構えであったり、仕事とはまったく無関係の意識の問題であったりもする。経営サイドからの処遇における差別や働かせ方によってかなり影響はされるものの、組織における働き方や仕事への取り組み方によって、やりがいや働きがいを感じたり、感じなかったりするのであって、非正規か正規かという労働形態の違いだけでは幸・不幸は決まらないのではないか。物事の意味は自分自身がどのように意味を与えるかによってまったく異なる場面を演出するのであって、単に存在自体によって決まってくるものではないように思える。つまり、大切なのは形より中身であろう。それが特に組織であったり、キャリアであったりすればなおさらである。自身がどう思うかによって、何を大切にし、何を捨てるのか、まったく違う中身として自分にかかってくる。非正規であ

ることが不幸なのではなく、大切なものを感じない働き方、中身を信じないで、形だけを信じるような過ちを繰り返す方が不幸ではないだろうか。一緒に働く同僚にとって一緒に仕事がしたい、気持ちのよい非正規は、その同僚も非正規もきっと毎日が幸せだろうと思う。

　非自発であっても周りから認められるような組織風土が確立し、自ら進んで提案しながら仕事ができるような組織文化が定着し、処遇やキャリア形成に関して納得しうる水準の差異だけが存在するような職場であれば、そこで働く非正規はおそらく幸福であろう。

3.　「非正規雇用」問題とは何か─その特殊性と普遍性─

　日本における非正規雇用問題には、アメリカをはじめとする他の先進国とは異なる背景が存在するかもしれない。当然のことながら、日本の労働市場においても、かなり昔から正規とは異なる階層として非正規雇用が存在していた。しかし、日本における非正規とは、いろいろな意味において正規雇用とはさほど違っていないことが重要である。つまり、一昔前の、日本の企業社会における非正規は、確かに正規と比べると待遇などにおいて多少の格差はあるにしても、しかし大事な労働力の担い手として承認されたり認定されたりする側面においては、正規も非正規も意識的にはさほど変わらなかったのではないだろうか。それは、日本の現場におけるホワイトカラーとブルーカラーの扱いも同じであろう。すなわち日本の企業組織におけるブルーカラーのホワイトカラー化である。

　つまり、日本における非正規への評価とは、中身においては正規とさほど変わらないという認識がその背景に存在していたのかもしれない。このことが、今の時代において非正規への正確かつ合理的な評価や判断を妨げているのではないだろうか。

　当然のことながら、一般に企業経営における組織編成においては、正規も非正規も必要である。実際の企業経営を正規だけで維持しようとすると大変

なことになる。つまり、バッファーとしての非正規は必ず必要である。場合によっては、企業経営というものは短期的な市場の環境の変化に応じて調整しないといけない場面がありうる。そのために、非正規の存在が認められる。しかし、一昔前の日本の組織においては、正規も非正規も同じ家族の一員であり、大切な存在として認められてきたといえる。つまり、正規も非正規も意識せず、任された仕事によってうまく調整され、毎日のように定期的に出勤しないにしても、組織の一員として大事な存在であった。正規か非正規かは個人的な事情があったり、最初から仕事に応じて調整されたり、能力や技能の差によって非正規という形をとったりしたわけである。つまり、欧米のように、確実なバッファーとしての非正規として契約され、それ以上の意味をもたない、果たせない非正規ではなくて、日本の社会には個人や組織の事情によってうまく調整される形での非正規が存在していたのである。

　このことは、日本には欧米とは異なる非正規への評価や存在価値というものが背景に存在していたことを意味する。日本における非正規への評価は正規とは異なるものの、単なる非正規だからといって排除されたり、差別されたりするものではなく、仕事の内容や個人の事情に合わせた形での合理的な区別の範囲内であったといえよう。つまり、今多く議論される理想としての非正規への評価と価値、あるいは「同一（価値）労働・同一賃金」原則とかなり近いような形をとっていたのではないだろうか。

　それでは、なぜ今の日本で非正規への厳しい評価や扱いがこれだけ深刻に広まってきたのであろうか。いつから、どのような理由（根拠）で格差や排除といったいわゆる非正規雇用問題が深刻になってしまったのだろうか。それを探るためには、どうしても「大企業の責任」について考えなければならない。日本の大企業による罪と欧米からの成果主義的思想を、何の疑問もなくそのまま取り入れようとした結果としての罪について問わなければならないであろう。

　すべてではないにしろ、大企業によって行われる不適切な行為とは、法的な規定のぎりぎりのところに存在するような落とし穴を見つけることに必死

な汚いやり方であり、非正規雇用を歪曲した罪は大きいであろう。立派な日本的雇用のやり方を捨て、欧米に蔓延していた成果主義的なやり方を何の修正もなくそのまま取り入れようとした罪も大きい。文化的価値に根ざした日本的組織文化や組織風土を考慮せず、正規と非正規という順序にはっきりした差をつける形での成果主義を取り入れ、その中の非正規にも多様な雇用形態を量産した罪も大きい。そこで大いに失敗した結果、雇用における日本的なものが何も残らなかった罪は実に大きいであろう。

　本来、正規も非正規も家族の一員であり、大事な組織の一員であったはずである。このような雇用における日本的なものはどこに消えてしまったのだろうか。それを必死で取り戻さない限り、日本の雇用に未来はないであろう。日本の雇用に危機をもたらした大企業や社会および政治の罪を審判する生産的な議論が至急必要であることはいうまでもない。

　外部環境の変化に応じた雇用調整の必要のためにやむを得ず活用することを許された非正規雇用を、企業の自己愛としての利益優先主義の達成というコストダウンのためにのみ利用することは許されないものである。企業が本来もつべき一方の社会性を捨て、もう一方の経済性だけを追求することによって社会から排除されてしまったら、企業はもうこの社会を構成する企業であるまい。

　企業は社会や顧客から信頼（信用）を失ってしまうと、どこからその未来への費用である利益を得られるのであろう。今多くの企業に求められることは、もうコストダウンだけを考える死にいたる道（＝施策ではなく、死策）をやめ、原点に戻って、雇用調整機能としての非正規だけを認めることにあるように思える。期待を込めていうならば、もうこれ以上、非正規雇用問題を深刻な社会問題にしてはいけない。非正規雇用問題を労働市場での健全な調整機能を中心とする理解可能な範囲内の課題として戻し、純粋で正当な雇用の問題として生産的・合理的な議論ができることを期待する。

4. 非正規と正規の対立は起こるのか

　正規にとって非正規はどのような意味をもつのであろうか。正規にとって非正規は邪魔な存在なのであろうか。それともありがたい存在なのであろうか。正規と非正規の関係性は、どうあるべきなのか。それぞれの存在価値と対立の構図について少し考えることにしたい。

　結論からいえば、実際の現場において非正規がおらず正規だけだったならば、仕事の調整ができないか、経営がもたないか、どちらかになるであろう。

　非正規を正規にすればすべてうまくいくのであろうか。しかし、現実の世界ではそのようなことはできない。なぜなら、正規だけでは、仕事の量の調整や敏感な労働市場の変化への調整ができないからである。企業経営の本来の目的を達成するために必要となる効率性や生産性の向上に逆行する措置になるからである。つまり、正規雇用の適切な数はそれぞれの組織ごとにさまざまではあろうが、すべての非正規をなくすことだけが善ではないはずである。そもそも非正規が悪で、正規が善ということはありえないのである。

　昔のように変動の激しくなかった時代においては、少しは可能であったかもしれないが、今のようなグローバル化の時代においては、結果的に非正規は必要不可欠であって、正規だけで生産性を上げ、競争力を維持することは不可能に近い。非正規なしでは私たちの実質経済において仕事の調整や変化への適応ができないのである。

　実際に非正規をなくし、残った正規だけで仕事や雇用の変動に適応しようとすると、過剰労働になるおそれがあり、その過剰労働による被害として慢性的なストレスの拡大やメンタルな病的状態に陥り、結果的に過労自殺につながったりする可能性もある。それを防ぐためにも適切な数の非正規は正規にとっては大変ありがたい存在であり、必要不可欠な存在であることを忘れてはいけない。

　非正規とは正規にとって決して対立的、あるいは邪魔な存在ではなく、正

規を正規として維持させるために大変ありがたい存在なのである。つまり、相互依存的関係性をどれだけうまく保てるかどうかが、企業の競争力を維持できるかどうかの分かれ道になる。正規と非正規は決して対立の関係ではなく、バランスの問題であり、数（量）の問題であり、運用の面での工夫によってその存在価値が増すものであるといえる。

　非正規のない正規だけの組織ももたないし、逆に正規がなく、すべて非正規で構成された組織も健全ではあるまい。非正規雇用の問題を正規が進んで解決しない限り、正規は苦しむばかりであろう。正規だけを目指し、正規だけが善であるかのような考え方も不自然である。正規も非正規も善であり、選択の問題であって、一方がもう一方の存在を否定するような性質のものではないのである。正規、非正規のどちらにもそれぞれのメリットとデメリットがあり、個人がその都合や置かれた状況によって自ら選択できるものでなければならない。それができない社会は未成熟な社会であり、正規も非正規も不幸な社会であろう。

5.　日本型「正社員」とは

　日本の正社員には他の国にはみられない特殊な資格ないし条件が必要であることに気づいているだろうか。その資格なり条件とは以下の3つであるが、この3つの側面をすべてもつことが日本型正社員の条件であるとされる。

　それはまず、「何でもやる」ということである。「何でもやる」ということはいうまでもなく、普段の任された仕事はもちろん、本来自分の領域でなくても、いわれたらやり続けることであって、欧米のような最初から決まった職務や仕事の内容が存在するわけではないということを意味する。つまり、日本の採用が就職ではなく、就社といわれる根拠の1つがここにある。正規社員と非正規社員の決定的な違いはこの「何でもやる」ことにあり、この違いからいわゆる正規社員に対する「責任ある仕事」の発想が存在するのである。この「責任ある仕事」についてはまたの機会に譲りたい。

「何でもやる」というのは、正規社員しかできないのであり、日本の職務的発想から生まれた考え方でもある。日本の正社員は入社時から決められた職務という概念がなく、何を任されるかも想定できないまま入社し、その企業内の仕事であればすべてが対象となるのである。また決められていない仕事の内容のほとんどすべてをこなせるような働き方を目指すところに、まさしく日本的な働き方としてよくいわれる「ゼネラリスト」思考が存在するのである。職務に関していえば、ここがアメリカと日本との決定的な違いかもしれない。

　そして「何でもやる」ということには、いわゆる「日本型勤勉性」というものが隠されており、その結果として「見せかけの勤勉」、「誤解された人材像」が問われることにつながるのである。あらかじめ決められたことでなく、「何でもやる」ことには、誠実さや勤勉さが問われる余地が大きく、その結果見せかけの勤勉による誤解された人材、つまり価値のある成果を出せるかどうかではなく、ひたすら集中し続けることに意味があるような勤勉の神話が生まれることになり、その一種の歪みの結果として生まれたのが、いわゆる「会社人間」である。

　次に日本の正社員に強調される条件は、「どこにでも行く」ということであろう。つまり、入社後は、担当する場所や地域が限定されず、配置転換などによって、命じられたら「どこにでも行く」のである。そして「どこにでも行く」ことになる頻繁な配置転換というやり方による過剰労働の危険性もまた別の意味で大きく問題視される。またこの「どこにでも行く」は、特に女性社員の採用時に「転居を前提とする転勤」を明示されることと深い関係があり、このことは「間接的差別」にあたる側面を有するという重要な指摘もある。いわゆる女性雇用の「コース別雇用制度」において設けられてきた一般職と総合職という分かれ道の選択において、「どこにでも行く」ことが大きな意味をもっているのである。

　考えてみれば、配置転換にはそれなりのきちんとした根拠が必要であって、いわれたからしぶしぶ行くというような構造化された慣行は決して望ましい

とはいえない。指示される根拠の乏しい配置転換には、必ず「転居をともなう転勤」が前提となり、その説明不足というべき慣習に女性労働者は常に悩まされるのであろう。多くの女性は、自分でなければできない仕事がしたいのであって、総合職（いわゆる正社員）だから「転居をともなう転勤」を前提とするという、「どこにでも行く」的な発想には賛成できないところが大きい。

　最後に重要な論点は、「いつまでもやる」ということとの関連である。労働時間の長さについてもかなり前から他の先進国より指摘されつづけてきたところではあるが、特に正社員に対する慢性的な長時間（残業）労働を加速させるような「いつまでもやる」発想は、前にあげた２つのことと絡み合って結果的に過剰労働を強いられることになるであろう。それには、いわゆるサービス残業も含まれることにより、過剰負担が課されることによって過労死へと進展するケースもしばしばある。残業による過重労働は、人間の体の疲労だけではなく精神的な疲弊という病理的現象まで引き起こす可能性があり、そのような病理としての「うつ」的状態の持続が自殺や過労死につながる可能性が高いと報告されていることは、ご承知の通りであろう。

　日本の正社員に、非正規社員とは異なったレベルの雇用保障という「人質」的性格をもつ側面を与える代わりに、過剰負担を強いることはもはや許されない時代になってきたといえよう。普段の仕事が終わり、もう帰ったのかと思ったらまだやっているような働きすぎの会社人間の姿は、今のようなグローバル時代にはその見方も評価もすっかり変わったような気がする。日本社会においても、昔のように「長くいればよい」ことにこだわるのではなく、まったく異なった新しいモノサシをもって勤勉（真面目さ）を語り、人材として評価することを期待する。

　それには、今日本で偶然ブームになっている、ドラッカーのいう「成果（パフォーマンス）を出すこと」と「真摯さ（インテグリティー）」が、その重要なポイントとしてヒントを与えてくれているような気がする。正規や非正規という対立の構図より、日本の働き方や働かせ方への見直しと今の時代に見

合ったより普遍的な発想でヒト（人材）を評価するような社会になることを期待する。

6.「責任ある仕事」とは何か

　いわゆる「名ばかり管理職」が話題になった。そのとき、よくいわれるのは、「責任ある仕事」の任せ方や取り組み方についてであるが、はたして責任ある仕事とは何であり、どのような性格をもつのであろうか。本当に責任ある仕事が存在し、真の意味で責任が問われているのだろうか、そしてそのときの責任の範囲とレベルは正確に捉えられるものなのであろうか。

　まず責任の範囲とレベルの問題が議論の対象になりうる。一般に組織において責任が問われる立場というのは、最終的にはトップにほかならないという議論がある。なぜなら、組織における責任とは最終的な意思決定のレベルであり、経営的責任とは組織における最終判断であるからであろう。例えば、それぞれ任された仕事についての責任は基本的に担当者自身にあるといってよいが、それでも考えてみればそれはその仕事の結果への責任ではなく、やるべき水準の結果（成果）を出したかどうかの中間的確認であり、できたかどうかの成果のチェックの過程という程度ではないだろうか。あくまでも責任はその仕事を命じたトップにあり、そのトップに対してのみ問うことが許されることになるであろう。つまり、トップに問われる責任とは、ある仕事をその人に命じた（任せた）責任であり、他の人ではなくその人に回したことであり、その人を採用した責任である。一般に多く見られるように、もし組織や会社に不祥事や不備（欠陥）などが生じたとするならば、その不条理の発生原因や対応の仕方などのすべての責任は当然のごとくその組織のトップにあるといえよう。

　責任に関して重要なことは、責任とは何かということであり、そのレベルと範囲であろう。そしてある意味すべての仕事人には、自分に任されたことに対して結果を出す責任があるといえる。しかしながら、その一般のすべて

の仕事人にあるような自分の職務（仕事）への責任と、最初から仕事を「責任ある仕事」と「責任のない仕事」に分けるような発想はまったく別のレベルの議論ではないだろうか。そのような意味において一般によくいわれている管理職（中間管理職も含む）に下される「責任ある仕事」というものはそもそも存在しないのであって、一種の勘違いであるように思える。言い換えれば、「責任ある仕事」などというものは最初から存在しないのであり、責任を取る必要もなければ、問われることもおかしいのである。責任はあくまでもトップが取るべきであって、管理職は任された（いわれた）仕事に真剣に取り組むほかないのである。任されたことに自身の能力をもって最大限に努力をし、期待される結果を出して見せること、それ以上でもそれ以下でもないのである。余計な責任感のような無理な意識はもたない方が安全であろう。したがって、「責任ある仕事」を任せることに意味をもたせようとする行為は、誤解された神話なのかもしれない。世の中に責任の要らない仕事は存在しないのであり、その意味ですべての仕事にはそれなりの責任があるのであって、「責任ある仕事」が別に存在するかのような発想はどこかおかしいであろう。

　正規の社員にのみ「責任ある仕事」が任されるかのような言い方をするが、本当は正規も非正規も仕事に対しては結果があるだけであって、責任とは無関係であろう。つまり、責任をとることはあくまでもトップの仕事であって、正規も非正規もよい仕事はいくらでも任されて結構であり、非正規だからできない仕事というものは存在しない。仕事や職務は「重み」や「やりがい」が問われることはあっても、「責任」を問われるものではないのである。

　したがって、正規社員だけではなく、多くの非正規社員にもいくらでもよい仕事を任せることが大事であり、そうすることによって非正規もそれなりのキャリア形成ができるようになるのである。そして非正規にも「重みのある仕事」を任せることを通じて、彼（彼女）らの成長とやる気（モチベーション）を引き出すことが大切であろう。仕事に関する正規と非正規の区別こそが問題であって、仕事に責任は関係ないのである。誤解された神話によって

作られた一種の勘違いが正規と非正規とを対立させ、世の中に無駄な議論が溢れることにつながっているのである。非正規を最初から挑戦できるチャンスから排除するという不条理が、社会全体の競争力の低下と雇用や景気の低迷を招いているような気がする。「責任ある仕事」は存在しない。非正規にも重みのある仕事を任せるべきであろう。

7. いわゆる「同一（価値）労働・同一賃金」は可能か

　非正規の拡大に歯止めがかからない。非正規であるだけで、正規との賃金の格差があまりにも大きいという話には胸が痛くなる。実際の現場では、正規とまったく同じように普通に配置され、正規とまったく一緒に仕事をしているのに、隣の正規よりもはるかに低い賃金が支払われるという。これは一般常識から見てもあまりにも格差のある状態であり、やはりどこかおかしい。これでは多くの非正規社員は納得できないし、仕事への満足もできないであろう。このような状態では、自分が配属された組織（会社）に誇りをもちながら、自分に任された仕事（職務）に最大の努力を注ぎ、可能な限り良好なパフォーマンスを出そうとするモチベーションも湧いてくるはずがない。そこでの改善策として登場したのが、いわゆる「同一（価値）労働・同一賃金」の考え方である。

　いわゆる「同一（価値）労働・同一賃金」が実現できるのか、それには何が必要なのか。それを可能にする規定要因とは何かに関する議論がある。そこでは言葉や表現だけではなく、実際問題として何を基準に同一価値といえるのかということが重要であろう。非正規の問題の最大の核心は、正規との格差の広がりであろう。つまり、賃金などを含む待遇の面での格差の大きさが問題なのである。

　それには、2つほど基本的な考え方の前提がある。一つは、正規とは何か（なぜ正規を優先させるのか）であり、もう一つは、格差が大きいにもかかわらずなぜ非正規を選ぶのかである。正規とは何かに関しては、いろいろ意見が

あるだろうが、一般には正規に対する法律的な側面での保障の硬さ（解雇の難しさも含む）がよくいわれる。しかし、法律面での保障の硬さに関しては、実際には非正規よりは確かに容易に解雇などができないようかなり硬く守られてはいるものの、決して完璧に守られているわけではない。つまり、経営側にとってふさわしくないと判断されればいくらでもそれなりの措置はある。簡単にいえば、実際正規であっても出て行ってもらいたいと考えるケースがあれば、手はいろいろあるということである。正規に下されるとんでもない配置転換や定期昇進・昇格人事への不利、あるいはボーナスなどの差別的分配などいろいろ考えられる。したがって、正規に存在する保障への硬さとは、ある意味、一種の思い込みであり、神話である可能性が強い。

　むしろ問題は、賃金などの格差が大きいにもかかわらず、なぜ非正規を選ぶのかということであろう。非正規への選択は、当然ながら2つのタイプがある。自発的非正規と非自発的非正規である。問題は、非自発的非正規の拡大である。実際、自発的非正規のなかでも積極的な（本当の意味での）自発もあるが、しぶしぶ、あるいは非積極的（消極的）な自発もありうるので、そこまでを非自発的非正規に含むとかなりの数になるはずである。非自発はその背景に正規との格差に不満をもっている場合が多い。そのかなりの数の非自発的非正規の改善には、いわゆる「同一（価値）労働・同一賃金」的考え方が有効であろう。しかし、いわゆる「同一（価値）労働・同一賃金」の発想は、非正規のなかでも多くの数を占めていると考えられる非自発的非正規にとって一定の効果があるとはいえ、それだけでは非正規問題のすべての解決にはならないことが重要であろう。

　「同一（価値）労働・同一賃金」のもっとも根本には、何をもって「同一（価値）労働」とみなすのか、あるいはどのような基準で「同一（価値）労働」として判断するのかという問題があるからである。現実に多くの職場において労働における同一価値を測ることができなければ、同一賃金は実現できないのである。アメリカのように採用時から自分が担当する職務が決められているような仕組みではない、ほとんどの日本の職場においては、自分が担当

する職務という概念は存在しないかもしれない。したがって、いわゆる「同一（価値）労働・同一賃金」的発想は、もしかすると、言葉はあっても現実には存在しない神話になる可能性がある。なぜなら、いわゆる「同一（価値）労働・同一賃金」の発想には、現実に可能であろうかという根本的な問題が隠されているからである。

　つまり、たまたま同じような仕事をしていれば、同一労働なのか。また同じ価値の労働とは何をさすのかという問いに対して正解を出すことは容易ではないということである。実は、ここに正規とは何かという問題の核心が隠されているといえる。特に、日本企業における正規は、企業にとっては実に使い勝手のよい存在であり、しかも普通は定年までという長いスパンの雇用の保障という硬い前提がその背景にある。したがって、彼らは企業からいわれたことは、いわゆる、「何でもやる。いつでもやる。どこにでも行く」存在である。この正規を支える「三点セット」は、日本の企業だけに見られる「日本的な正規」の象徴でもあるように思える。彼らには、組織への強い責任感や忠誠心、一生に渡っての組織への強いコミットメントが前提にあることはいうまでもない。

　また、かりに「同一（価値）労働・同一賃金」を実現させることによって、（正規とは異なった）非正規に何を期待し、何を得ることができるのであろうかという問いに正解をもたなければならない。つまり、非正規にも、結果的に正規と同じようなレベルのコミットメントが期待できるのであろうか。日本的正規を可能にする「三点セット」を非正規にも期待できるのであろうか。もしそうだとすれば、非正規はもう非正規でなくなることになり、誰も重い責任や高い忠誠心を一生負わなければならない日本的な正規を選ばなくなるのではないだろうか。いわゆる「非正規天国・ニッポン」になることを意味するであろう。正規も非正規も経営側の言い分に素直に従う可能性が高くなることが、もしかすると、「同一（価値）労働・同一賃金」思想に隠されているのではないだろうか。今後のニッポンがこの方向性に向かうことは果たして望ましいのであろうか。これには、もう少しより厳密で幅広い別の議論が

必要であるように思える。

　ここで、もう一度原点に戻って考えてみることが大切であろう。今なぜ「同一（価値）労働・同一賃金」を実現しようとするのであろうか。それは正規雇用とさほど変わらない仕事の内容をしながらも非正規であるだけで差別・排除される状態を改善するためのルールを作る努力であるといってよいであろう。したがって、正規の仕事の中身とさほど変わりのない、多くのいわゆる基幹的非正規に、現在とは違って、差別や排除が発生しないのであれば、別に「同一（価値）労働・同一賃金」施策は要らないのかもしれない。

　つまり、実際に、正規と同じような仕事をする基幹的非正規が多く存在するにもかかわらず、多くの側面において差別や排除されている現状を踏まえれば、「同一（価値）労働・同一賃金」思想は今の日本の企業社会には合わない発想であるということである。日本社会には日本の文化に根ざした新たな発想をもった新しいルールが必要なのではと思う。きちんとした職務中心の労働編成を可能とする、完全なアメリカ的な発想をそのベースとした「同一（価値）労働・同一賃金」思想は、職務（ジョブ）という概念があいまいな日本には合わないかもしれない。合わないルールに合わせるよりは、新しい発想でもって日本的な新しいルールを作り出す方が望ましい。その答えを出すのは容易ではないが、日本の組織文化の価値に根ざした発想ややり方にその答えが隠されているような気がしてならない。

2章

日本の雇用と人材育成・能力開発

8. 日本的「人材育成」と「能力開発」について考える

　日本社会において人材育成と能力開発についてどのように考えればいいのか、何が大事でどのようなことに重要な論点があるのか等について少し考えてみることにしたい。

　人材育成と能力開発における日本のやり方・考え方について理解するためには、まず日本的人材の中身について少し整理する必要があるだろう。つまり、日本社会が考えている人材と他の国や地域が考えている人材とでは、やや異なる見方をしている可能性について理解する必要があると思う。

　よくいわれていることは、欧米的人材は、個性や自分の主張を評価するスペシャリスト志向であるのに対して、日本的人材は幅広い知識や技能をもつゼネラリスト志向であり、その評価についても全人格的であるとされている。

　このような基本的な日本的人材観をもとに、人材の育成や能力開発の意味について整理してみよう。

　日本的人材への評価が全人格的ということは、職務や仕事の中身と成果だけではなく、普段の人格的・性格的人物観や日常的な行動や態度などをも含め総合的な評価をするということを意味する。実はこのことが最近の議論である「ワークライフバランス」の実現を難しくしている側面をもつのである。話が少し変わるがそのワークライフバランスの難しさについてここで少し触れる必要がある。仕事人であることと生活人であることの区別なくその人を全人格的に評価するということは、結果的にその人のプライバシーがなかな

か守られなくなり、認めてもらえないことにもつながってくる。少なくともいえることは、今の日本の組織のように仕事優先主義ともいうべき側面が根強く存在する限り、ワークライフバランスの実現は進まないであろうということである。

　本来人間は、自分流の生活人としての個人史やプライバシーがあって当然であり、それをなかなか認めてもらえないような組織文化を有してきた日本的人材観を大きく変えない限り、今の時代に見合った人材の育成は大変困難であろう。ゼネラリスト育成なのか、スペシャリスト育成なのかはその組織が置かれた状況や自分の目指す方向性によって異なって当然である。しかし、重要なことは、今の時代、世界に通用する人材を育成していく必要があるということであろう。今後ますますグローバル化が進むことが予想されるなか、そのような時代的変化や社会的要請にきちんと応えられるような人材でなければならないことはいうまでもない。その意味で日本的人材観には時代遅れな側面がいまだに残っているといえよう。したがって、まずはそのような日本的人材観を変えることによって、その人材がもつ能力を発揮できるような開発や育成が可能になるのではないだろうか。

　また潜在的能力を含めて、その人材がもっている能力のうち、どのような側面を活かし、より高度に進化させていくのかも大変重要な課題であろう。重要なのは、まず人材とは何であるかという定義が決まらないと、その人材が必要とする能力を想定できないということである。したがって、今後必要とされる日本的人材を考えるときには、その人材のもつべき能力まで想定し、その能力のうち何を伸ばし、何を開発していくのかを考えていかなければならないであろう。

　日本的組織において能力の発揮と開発に一番有効なのは、実は「ジョブ・ローテーション（頻繁な配置転換）」ではないだろうか。人間は変化に適応しようとするモチベーションが働きやすい動物であり、適応しようと努力した結果得られる発見こそが新たな職場や職務において有効となり、頭だけではなく、体にまで蓄積されていき、やがて自分の能力となっていくのであろう。

ただし、このような「ジョブ・ローテーション（頻繁な配置転換）」による弊害もまた指摘されよう。それは過剰労働につながる可能性が報告されていることを忘れてはいけない。そしてこれを有効にさせるためには、組織がより長いスパンで動かせる日本的な長期的雇用保障が前提条件であることはいうまでもない。

またドラッカーをはじめ、多くの学者が、能力開発に関して重要なのは、欠陥を直すことよりも、その人材がすでにもっている長所を最大限に活かす形で育成・開発していくことであると指摘している。

日本の組織にはアメリカや他の先進国のそれとは異なる組織文化が存在しており、その文化的価値の土壌に合った人材の育て方や能力の伸ばし方があるはずである。職務中心の組織編成を基本とするアメリカのやり方を日本の組織にそのまま当てはめるのはやや困難であるように思える。そしてそれは日本のやり方が他国のやり方より優れているということではなく、欧米の先進的なやり方を参考にしながらも最終的には日本のやり方を活かすような形で日本的人材を育成していくことが大切であるということである。

9. 日本の企業社会において「能力」を伸ばすことについて考える

人材育成と能力開発を考える際に、「能力」をどうやって伸ばしていくのかについてここで整理してみることにしたい。いわゆる「（働く人に）能力を発揮させる」ことと「（働く人が）能力を伸ばす」こととはやや次元の異なる話である。つまり、前者は組織あるいは管理の問題であるが、後者は仕組みの問題であったり、システムの問題であったりするからである。

ある人（部下）がもっている能力を適切に「発揮」できるようにさせるためには、どうすればよいのであろうか。その答えを探す際にしばしばいわれるのは、いわゆる「適材適所の論理」である。その人にふさわしい仕事とは何か、そしてその仕事にふさわしい人材は他の人ではなく、まさにその人なのかに関する正確な判断が重要であろう。人材マネジメントの世界における

「適材適所の論理」とは、現時点においてその人材がもつ能力と、組織における仕事の場あるいは仕事の内容との整合性を保つことであり、そこを間違えると個人も組織も不満足となり、結果的に失敗をし、無駄を発生させる。その組織が必要な人材を確保し、その人に必要とする仕事を適切に与えるためには、その人がもつ個性と思想に見合った「評価」と、その人がもつ潜在的能力を引き出せるようなチャンスを与える「配慮」が必要であろう。

　またその人がもつ能力（潜在的能力も含む）を最大限に「伸ばす」とはどういうことであり、どのような側面あるいは施策が必要であろうか。一般に人間はある時点において自分がもつ能力は限られたものであって、自分自身も知らないあるいは知られざるものであってもある意味どうしようもない状況に置かれているといえよう。しかしながら、すべてではないにしても人間は自分が所属する組織における上昇志向や出世志向による努力と情熱をもって日々の人生にのぞむ生き物であり、それを生き様として大切にしようとする生き物であろう。そして本人を満足させながらその人がもつ「力」を伸ばすときにもっとも大切なことは、まずは「承認」意識であり、そして仕組みあるいはシステムとしての「チャンス（機会）」であろう。

　昔も今も、組織として必要とする人材を育成していくことと、その人材がもつ力（能力）を開発するということが、人材マネジメントの世界においてもっとも重要な側面であることはいうまでもない。そしてここで筆者が大事に思うことは、決して2つの側面を否定することなく、むしろ少し冷静に見極め、分けて考えることによって、その2つの同時達成あるいは同時強化を図ることが何より重要であるということである。すなわち、組織における人材マネジメントに欠かせない側面として、「能力」を「発揮」させることと「伸ばす」こととという次元の異なった2つの側面があり、それを正確に理解しそれぞれに見合った適切な施策をとることの重要性を強調しておきたい。

　そしてこのことを踏まえながら、もう1つ強調したいことは、特に今後の日本の企業社会においていえることであるが、前者の「能力を発揮させること」よりは後者の「能力を伸ばす」ことに、より力（関心）を注ぐことが重

要であるということである。今までの成長と拡大と呼ぶべき時代においては何よりも前者の側面が重要であったが、これからの安定あるいは成熟の時代においてはむしろ後者の側面がより重要視されることを指摘したい。

　うまく人を使うことだけに必死で、より大事な、人の力を伸ばすことを軽視した結果として、今の日本社会におけるキャリア教育および教育訓練の不在があり、その不在あるいは空白を埋めることへの努力が、今後の日本企業における組織的成功あるいは持続可能な組織的発展につながるように思われる。

　また一人の組織人として、魅力的な能力（Employability）をもつためにも、自分に見合った職場と仕事に就くことに満足せず、本人がもっているはずの潜在的能力までをも引き出すような組織的な仕組みやシステムづくりに期待すべきところが大きいと思える。つまり、自身の能力がどのようなものであり、どれほどのものであろうかということについての真剣な自己分析や、関心をもった緻密な取り組みによって、人間はどれだけ、どこまで成長を遂げられるかが問われることになるであろう。そしてそれを可能にすることができれば、次の課題はいうまでもなく、その能力を組織において活かす方法、つまりいわゆる「知識の伝播（継承）」が大きな課題として残るであろう。個人的能力を超え、「知識の伝播（継承）」を可能にする組織は偉大な組織になるであろう。「知識の伝播（継承）」メカニズムの理解と有効な機能化はまた、今後の日本的組織の中心課題であるといえよう。

10. 日本の職場における「人材育成」と「能力開発」

　「人材育成」を考える際にまず考えなければいけないことは、「人材」とは何か？　どのような人を「人材」としてみるのか？　どのような「人材」を育てようとするのか？　であり、それをきちんと想定しないまま、「育成」すること、つまり「方法論」だけを議論してもムダであろう。

　その意味において、日本と他の先進国とでは、どのような人、どのような

能力や資質をもつ者を「人材」としてみるのかという、「人材観」の差異が見られるので、それをまず整理することから始めなければならない。

「能力開発」も同様に考えることが大切であろう。つまり、「能力」とはどのようなものをさすのか？についての日本社会での合意がまず必要であろう。もちろん、職種や職務によって、期待される水準や任された役割によって、期待される「能力」の中身も水準も異なるのは当然であろう。

また、「能力」そのものすべてを開発することは無理なので、その「能力」のなかでも、何を、どのような部分を開発（啓発）したいのか？についても議論する余地があるように思える。

人材育成と能力開発の議論のなかで、やり方（方法論）に関して一般的にいわれるのは、アメリカは「off-JT」を好み、日本は、「OJT」を好むということである。それが何を意味するのかについても、整理しておく必要があるであろう。また、いわゆる「ホワイトカラー」と「ブルーカラー」（また、技術系や専門職、一般民間企業と公務員や自治体なども）における能力開発の「あり方」と「やり方」もまた異なることは当然であろう。

今の日本の「人材育成と能力開発」に関しては、政府や社会、あるいは個別企業の役割などを指摘することが多いが、筆者としては、特に「大学」の役割、つまり「大学」と「企業」との連携が重要であり、これからは「キャリア教育などを含む」大学の役割が大きくなるのではないかと考えている。例えば、ニートやフリーター問題に対しても、あるいは非正規労働に関しても、企業や社会（自治体）の責任や役割も確かにあるだろうが、それの改善に関していえば、むしろ日本の各地に多数存在する大学に職業訓練プログラムやキャリア教育システムなどを充実させ、企業と社会そして大学が連携していくことで、その改善の可能性や有効性が高まることが期待できるのである。

欧米型組織では最初から個人ごとに厳密に仕事（職務）が決められており、それをこなせるかどうかのみがその人の能力を判断する規準となっているが、日本の組織はそれとはまったく異なっている。それだけでなく、欧米では転

職の経験をよしとするが、日本ではまったく逆であろう。一定の組織における長い勤続年数が問われることになり、組織における親和力もまた重要な判断材料として有効である。その結果としてアメリカでは「off-JT」を、日本では「OJT」を好む慣行が定着した経緯があることなども理解しておくことが重要であろう。

　企業はその地域や社会のなかに存在することから、その文化的背景がそのまま残存している場合が多く、しかもその動力の中心は何より人間であるため、そこで働く人々のもつ意識や文化的側面は決して無視できないであろう。風土に合わない組織のやり方をそのまま日本の組織に移植することは、大変困難でありかつ危険でもある。他国の発想ややり方を取り入れる際には、普遍的側面を見出し取り入れると同時に、不適合な要因を除く丁寧な作業が必要であるといえよう。企業経営においてある人材マネジメント手法を取り入れるためには、その構成員である従業員の意識と社会的・組織的文化や風土を考慮しなければならないであろう。

11. 役所（地方自治体）の人材育成（能力開発）について考える

　多くの民間（一般企業）組織の研究においてよくいわれるのが、アメリカは「スペシャリスト志向」であるのに対して、日本は「ゼネラリスト志向」であるということである。そもそもスペシャリストとは何であり、ゼネラリストとは何であるのかについての議論はまた別の機会に触れることにして、今回はこのような一般的な議論（指摘）を踏まえながら、日本の役所、特に地方自治体における役員の人材育成と能力開発について少し考えることにしたい。

　まず、役所が民間とは異なった人材観あるいは能力観をもつべきかという問題がありうる。つまり、多くの民間企業を対象にした研究で見られるように、日本の組織はゼネラリスト志向であるといわれているが、役所も多くの民間企業と同様にゼネラリスト志向なのかどうかということである。また、

もし役所を民間企業とは異なった側面を有する組織として捉えるならば、日本の組織の1つである役所での人材および能力に関するあり方についての議論からあらためて始めなければならないであろう。しかし、ここでは議論を狭く限定し、現状認識と方向性について少し筆者の見解を触れるにとどめたい。

　まず役所は、民間企業（私企業）とは違って（一般に、民間企業の最大の特徴は、おそらくその組織の維持・発展のための利潤の追求を最優先することであろうが）、特定された地域（限定されたマーケット）において、しかも特定された地域住民（限定された顧客＝ポジショニングの限定）を対象に、特定された仕事（限定された内容）をこなすことが求められる、と考えられる。

　つまり結論からいうならば、役所の仕事はその特徴上、民間企業とは異なって、よりゼネラリスト志向でなければならないということであろう。なぜなら、最初から特定の地域（すでにわかっていてしかも把握可能なマーケットである）だけで、しかもそこで生活する地域住民を対象に、すでに存在する（もちろん新しく期待される仕事もあるだろうが）さまざまなその地域特有の問題を扱うことが仕事の中心だからである。したがって、役所に求められる能力（人材）は、やはり基本的にはゼネラリスト志向でなければならないということである。

　役所組織が民間組織とは異なった存在意義をもつことを前提にするならば、多くの場合、役所における人材育成や能力開発の方向性は、やはり限りなくゼネラリスト志向で進められなければならないと考えられている。

　しかしながら、問題なのは、今の時代あるいはこれからの時代においても依然として役所がゼネラリスト志向でなければならないのかということである。なぜなら、これだけ知識情報化、IT化そしてグローバル化が進んでいるなか、他の地域はもちろん外国との地域連携、さまざまな協力体制づくりや人的交流を含めた人員協力体制づくり、また時代に見合った仕事の内容や期待と役割の高度化・複雑化の進展などといった、さまざまな変化と役割や期待が生じているときにその多様なニーズに正確かつ厳密に対応するために

は、やはりいわゆるスペシャリスト的な仕事も当然ながら増すことになるであろう。

つまり、社会的要請と時代認識（特に、グローバル化）として今後の役所に求められる人材育成や能力開発の方向性は、しっかりとした従来通りのゼネラリスト志向を堅持しながら、よりきめ細かく、より高いレベルの要求と期待（役割・貢献）に応えるために、いわゆるスペシャリスト志向へとシフトすることをも念頭に入れた人材育成と能力開発を行わなければならない、ということになるであろう。

ここで、実際に考えられるやり方が2つある。1つは、基本的にすべての役員（役所の構成員）をゼネラリストからスペシャリストへとシフトさせていく、いわば人材育成と能力開発での方向転換が考えられる。2つめは、基本的には依然としてゼネラリストとして育成し、ある一定の数、あるいは特定のグループ（チーム組織）をスペシャリストとして育成していくという、一部特定育成、あるいは二重構造体制的育成が考えられる。結論からいうなら、筆者は後者の方がより効果的であると考えている立場にたつ。

私たち地域住民（市民）が地元の役所に期待することは、多くを占めるはずのルーチンな仕事（常に存在し発生しうる仕事やその地域限定の問題への対応）の正確な処理である。しかしながら、今の時代はそれだけではなく、より高度に期待される仕事や新たに取り組むべき課題、そして不確実な高リスクの課題などについてもきちんと対応可能な体制づくりをも求めているのである。

つまるところ、その意味においてこれからの役所における人材育成と能力開発では、いわゆる「スペシャリスト的ゼネラリスト」を求めているのかもしれない。一方、日本の民間組織（一般企業）の人材育成と能力開発では、ここまで議論してきた役所のそれとは異なる、いわゆる「ゼネラリスト的スペシャリスト」の養成が期待されることになるのかもしれない。

「スペシャリスト的ゼネラリスト」と「ゼネラリスト的スペシャリスト」というあいまいな表現をどう理解するかは、また残された課題でもある。しかしその方向性については正確に見極める必要があるのではないだろうか。

12. 「残業」の構造とそのメカニズムへの老婆心

　普通に考えると、人間は誰だってたくさんは働きたくないはずである。本来、なるべく少なく働いてたくさんお金（給料）をもらいたいのが従業員であり、なるべくたくさん働かせてお金を少なく払いたいのが経営者であって、この労使間の対立的思想は古今東西変わらないことであろう。この労使間の対立関係をどうやって労使間協調や協力関係にさせるかが、経済社会における永遠の宿題であるといえる。

　しかし、世界で唯一、日本という国では、特に現代に入ってからはこの労使対立が労使協調へと大きく変えられ、著しい成果を出してきた不思議な側面を有するとされる。しかも、規定されている労働時間（所定労働時間）を遥かに超えてまで働き続ける人々（会社人間）がたくさんいるとされる。しかも、余分に働いた労働時間に対するお金（報酬）は頂かない慣行になっている。これがいわゆる「サービス残業」である。また、労働時間における残業だけではなく、決められた休暇までわざと返還してまで働こうとする人もたくさんいるのである。

　企業経営においては、景気の変動や市場（マーケット）の動きによって、余分に働かなくてはならない場面が必ず出てくるものである。それが「残業」というものになる。しかし、残業とは、一定の労働時間を終えた後、再び労働（仕事）をするものなので、普通の働く人間にとっては、決して好ましいものでなく、通常の仕事に追加される仕事のため、さらなる肉体的・精神的な疲労をともなうものであるため、通常より手厚い（？）「残業手当」というものが付くことになっている。

　ただ、先に指摘しておきたいのは、残業の原因にはいろいろ考えられることである。まず、経営者（管理者）の管理能力不足の問題がありうる。一定の仕事について順序よく働かせることが管理・監督者の役割であるのに、それに何らかの誤りや不備があって、残業までさせねばならない状態を作って

しまったということが考えられる。次に、仕事の量自体があまりにも多く、時間内に済ませられず、残業しなければ終わらないことが考えられる。またもう1つ考えられるのは、人間の欲望と何らかの個人的なレベルの必要性によって、仕事自体の必要性の有無より、与えられる補償（残業手当）に魅力を感じていること、そして最後には誤った思想（価値観）や構造化された組織文化によって、強制的に残業が行われ、しかもそれが勤勉とか能力とか優秀という形で評価されるような雰囲気（組織風土）のもとで働いていることも考えられる。

結果的にいうならば、この3つのどれも決して望ましくないのは確かであろう。特に、3つめの状況を生み出す社会文化や職場風土が今の日本の社会や日本の企業組織にあり、その結果、メンタルヘルス的な精神的問題や過労死まで生み出すこととつながるのであれば、それはとても残念なことであり、緊急に変えていかなければならない問題であるといえよう。働く人間のこころと健康と命の問題以上に大事なことはないはずである。もし、日本の残業の平常化が低賃金の構造化と何らかの文化的背景に帰するものであるならば、それはいずれ非難され、破綻し、崩壊していくことはいうまでもあるまい。

もし、今までの日本企業の競争力の多くがこのような働く人間の犠牲の上に成り立ってきているならば、今すぐ改善に向かって第一歩を踏み込む気高い勇気が日本の経営者や政治的リーダーに求められるのではないだろうか。この問題はもうすでに来るところまで来ているような気がしなくもないが、遅いといわれるときこそ、好機かもしれない。

エンドレスワーク（長時間労働）は、肉体的な疲労だけではなく、心まで疲労させ、結果うつ病へと発展するおそれがあると報告されている。過重労働は肉体を疲労させ、次には精神を疲労させ、今度は心を破壊し、うつ病へと発展し、自殺などの形で人間の命まで奪うことになる可能性について、真剣な反省と議論が必要であろう。

13. 大学院教育の存在価値と意味合い
―社会人および生涯学習としての大学院教育―

　ここでは、大学院および大学院教育について考える。ただし、昔の一般的なパターンであった研究者養成および志望のための大学院教育ではなく、副題にも書いたように、社会人や現役引退者中心の専門制大学院および生涯学習としての大学院教育について、その存在意義や意味するもの、そして逃してはいけない大切なことなどを中心にまとめることにしたい。つまり、通常4年間の大学生活を経た後、間もなく、あるいはしばらくの間企業人や社会の経験を積んだ後、もう一度教育を受けるということについて、人材育成や能力開発の観点から重要なポイントとは何かについて少し考えることにする。

　まず、通常4年間の大学での勉強ぶりを考えてみよう。1年次は大学受験から完全に脱皮できていないまま、大学に入学し主に教養科目を中心に平易な内容の授業が行われる。この教養科目は、内容的には高校での内容とさほど変わっていないが、唯一の答え（正解）を求めようとしないことが大きく変わった点であるといえる。もちろん、専攻や科目の性格によって異なるが、ここでいう答えを求めないというのは、個別の科目や専攻ではなく、大学の教養教育全体の動きのことであると理解されたい。

　その後、人間的にも思考的にも徐々に成熟していき、大体3年次になるとかなり高校生の思考法から脱皮し、大学生らしく自立性を意識しながら自ら問題意識をもって問題を提起し、それに対し多様な観点からアプローチしていくつかの代案を考えられることに気づいてくる。そしてあっという間に4年生となり卒業を目前にし、自分がこの4年間の大学生活のなかで本当に学んだものは何であり、足りないものは何であるか等についての反省などを含む、より成熟・洗練された意識と思考をもって世の中の多様な問題群についてある程度自由な思考ができるようにまで成長してくる。ここで、実際には3年生の秋ごろから4年生の春ごろにかけて勉強をしない空白の時間を過ご

すことになるが、それは、世界で唯一日本社会にだけ存在する「就活」という奇妙な慣習である。

4年生になるころ、多くの学生は不勉強への反省と、無駄に不真面目に過ごしてきた今までの3年間を振り返り、最後に勉強に集中したいとは思うものの、なかなか思う通りにはいかず、結局悩みながら卒業していくことになる。つまり、一応4年間勉強したことにはなっているものの、内心では勉強不足を実感しながら、どうしようもなくそのまま卒業し社会人として就職していくのである。

ここでまた重要な論点が1つあるが、それについては1つだけ指摘をして、詳しくはまた別の機会を得たい。その重要な論点とは、昔は大学4年間の勉強も大事であったが、企業に入ってから体系的に受けるその企業における教育および研修・訓練プログラムによってかなり能力を伸ばすことができたという事実である。つまり、昔の日本の企業社会には、終身雇用慣行による長期的・体系的な教育体系が存在していたが、今は日本企業の誇りであったその終身雇用が崩壊し、昔のような企業によるキャリア教育がほとんどなくなったということである。したがって、極端にいうならば、4年間の大学生活でろくに勉強しなくても、企業に入ってからまとまった教育・訓練が受けられたので、人材育成に関してはさほど問題にはならなかったということが背景に隠されているのである。

また話を大学および大学院に戻す。大学院（修士課程およびMBA）は通常2年である。たった2年間で人間がどれだけ成長するのであろうかと疑問をもつ人が多いであろう。しかし、考え方を少し変えてみてほしいところである。つまり、4年間の大学での勉強時間があり、その延長線上でさらに2年間ということであって、単なる2年間ではないことに気づいてほしい。大学院とは、大学4年間の上にさらに2年であり、4年間という大学での蓄積された勉強量と思考のベースがあって、それを基盤にした上での2年ということになると話はかなり違ってくる。4年間の大学の時間でどれだけ蓄積された知識があるかどうかによっても異なるが、一般には追加の2年間という大学院

での勉強によって、人間の能力は実際思った以上にかなり伸びることを指摘したい。言い方を変えれば、人間の能力は知識が蓄積されることによってとんでもなく伸びていく側面があるといえる。もちろんその蓄積ぶりに応じて緩やかな右上がりをみせる人もいれば、とんでもなく極端なペースで伸びていく人も多い。どうすれば凄い勢いで伸びるのかについても、また別の機会に触れることにしたい。

　大学院という2年間の存在意義と意味合いがここにあるといえよう。大学院教育とは、独立された2年間ではなく、4年間の上の2年間であるという中身を正確に評価することが何よりも大切であろう。大学院教育の教育的意義と価値とは、十分に成熟した成人が成熟した頭で蓄積された知識を活かして凄い勢いで伸びていく大事な2年間なのである。自らの意志でもって成熟し蓄積した知識の固まりのチカラの凄さを過小評価してはいけないであろう。その、想像もできないくらい凄い勢いで伸びていく2年間に、さらに3年間という博士課程の時間を経過した人間の能力の質と量の凄さもまた、決して過小評価してはいけない。そしてそれを生涯学習的な概念でもって考えるならば、人間の能力がどれだけ伸びるかは、実に社会・個人の双方が関心を寄せるに値するテーマであり、楽しみながら実験してみることをぜひ勧めたいのである。教育と能力の相互作用の凄さをぜひ味わってみてほしい。

3章
若者の雇用と就活・内定システム

14. いわゆる「3年でやめる若者」は悪いか

　最近の根拠のない（乏しい）若者バッシングはよくない（ものの解決にはならない）。すでに価値観の確立した上の世代でも自分が若いときは大体似たようなものであったはずである。時代を問わず、若者は未熟でみっともないところがあるものである。

　いつの時代においても、上の世代から見る限り、若者は未熟で不安定な存在であったといえる。その判断はその時点においては決して誤ってはいないものの、若者はその後、徐々に上の世代の期待（？）を「立派に」裏切り、一人前の普通の大人になっていくのであろう。つまり、ある程度社会の厳しい風にさらされながら年をとるうちに、人間は若いときとは異なった姿や行動をみせるように賢くなっていくものではないだろうか。

　最近の日本社会において、新書などで話題になっている「3年でやめる若者たち云々論」に関しては、日本における雇用の硬さ（硬直性）がずっといわれてきているように、終身雇用慣行だけが社会の「善」ではない（当然ながら、転職が「悪」ではないはず）ということをまず指摘しておきたい。むしろ、今の時代においては、転職の自由度を高めることなどをはじめ、労働市場（雇用）の柔軟性を図りながら、（変に根拠のない、在籍期間の長さや測れない忠誠心などにこだわるより）働く人の成果（パフォーマンス）を正確に評価することが大切であるように思える。

　実際、多くの仕事は3年くらいで大体わかってくるはずである。その時点

で自分に合わないと判断したら、転職できる体制が望ましいのであって、なかなか動けない（転職できない）労働市場体制には確かにおかしいところがある。3年で辞めて新しい職場へと移っていく人材を正確に（変に否定的に捉えないで）評価し、その経験（失敗の経験も含む）と可能性（やる気・情熱も含む）を最大限に活かせる工夫（人材マネジメント）を考える（真剣に受け止める）社会でなければ、今の時代には不自然であろう。

例えば、良し悪しは別にして、韓国のサムスンでは、毎年数万人規模（2009年1万7000人、2010年2万2000人、2011年2万5000人で、年間採用人員増加率は約10～13％程度といわれる）の新規採用を行うが、その数以上の人が毎年辞めたり、転職したりして自然に出ていくのである。退職者が出たら、そこをまたすぐさまよい人材で埋める。これがサムスンの元気の源であり、活力になっていることは確かなようである（サムスンだけではなく韓国の企業全体の一般的な傾向ではあるが）。

日本社会ももっと今以上に働く人個人の成果や実力を素直に受け止め、評価し、活用すべきであると思う。よい仕事、自分に合った仕事を求めて転職することは悪いことではない。それが自由にできない、それをまるで裏切り者として扱う意識が悪いのである。

実際、キャリア理論においては、キャリアチェンジ（転職）によるキャリア形成（成長）の有効性について多くの研究者が認めている。欧米社会においては、生涯を通じて3回以上の転職を行い、理論通りにキャリアチェンジによる成長が大いに確認されている。

韓国社会もまたアメリカ社会と似たような傾向であり、積極的なキャリアチェンジによる人材育成や能力開発の側面もまた認められる。現在の職場や組織で自分の思い通りのキャリア形成が不可能と判断したり、自分のもつ能力が正確に評価されなかったりする場合、我慢して仕事を続けるよりは、キャリアチェンジによる成長を試みることの方がより自然な判断であり、生産的な行動であると判断されるのである。合わない仕事に無理に取り組むのではなく、自分が得意とする分野に挑戦することは、決して悪いことでも今

の組織を裏切る行動でもなく、個人のキャリア形成においてとても重要なことであるといえる。

　自分に合った職種とか自分に合う仕事だけを求めることが必ずしも正しいとは思えないし、すべて認められるものでもないかもしれないが、自分に合わない、あるいは別の仕事に取り組みたいとはっきりと判断した場合には、やはりリスクを負いながらも転職していくことも決して悪いとはいえないであろう。したがって、今の時代においては、キャリアチェンジによる人材育成や能力開発の側面を認めることにより、全体の労働市場における転職の行動や中途採用市場をより活性化させることを通じて、日本の労働市場の硬直性を和らげようとする試みが要求されよう。転職を認められない労働市場の硬さと日本企業の組織文化の存在が悪いのであって、3年でやめる若者が悪いのでは決してないはずであろう。

15.「新規学卒一括採用」慣行を考える

　いわゆる、日本型雇用慣行の入口として、「新規学卒一括採用」慣行が維持されてきている。日本型雇用慣行とは、入口である「新規学卒一括採用」方式によって就職してから、「終身雇用」慣行によって、出口としての「定年」までの雇用が保障されることを意味する。

　「新規学卒一括採用」慣行とは、入社（就職）のチャンスが、大学（高校）を卒業するときの1回だけに限定されるというものである。しかも、その後の「終身雇用」慣行によって、定年まで一定の企業にいることになるので、極端にいえば、就職のチャンスは、一生においてその卒業時の一回しかないということになる。入社した後も「年功序列賃金」制度と勤続年数を重んじる各種手当を中心とする人事体系などの特殊性によって、結果的に転職できない、いわゆる「人質」的側面（転職することが賃金的に損になる）によって、現実に転職をなかなか難しくさせているのである。

　昨今、正社員に関する労働市場の硬直さ（終身雇用慣行による解雇が難しいこ

と）が課題として指摘されているように、「新規学卒一括採用」慣行の存在は、結果的に労働市場の硬直性を強化させることにつながっている。今のような経済不況時においては、いうまでもなく可能であれば、労働市場の柔軟性を確保することがより望ましいことになる。つまり、転職の自由度を高めることや、正社員であってもある程度解雇が可能なルールを機能させることによって、労働市場の柔軟化を達成することが期待されるのである。

　労働市場の柔軟化のための１つの手段として、いわゆる転職の自由度を高めることによって、「中途採用」市場を活性化させることが期待される。したがって、転職の自由度を高めていくためには、まず「新規学卒一括採用」慣行を見直す必要があるであろう。入口である「新規学卒一括採用」慣行を見直すということは、言い換えれば出口である「定年制」を見直すことにもつながる緻密な作業である。また、入口と出口の慣行を見直すことは、「終身雇用」慣行や「年功序列賃金」制度などの日本型雇用慣行を見直すことにもつながる新しい議論になるであろう。

　問題の核心は、「新規学卒一括採用」慣行にメスを入れることが、一定の企業に長くとどまり企業特殊的技能を身につけるという従来の雇用システムを大きく変容させることになり、労働市場の柔軟性を確保し、より開かれた雇用システムを新しく作り上げていくことにつながる、というところにある。また、従来型の終身雇用などによる雇用保障にこだわるよりも、転職市場の発展と中途採用の活性化という労働市場の柔軟化を高めることによって、徹底した情報の公開を図りながら、労働市場の信頼性を確保していくことに、より大きな意味があるといえよう。

　そして、「新規学卒一括採用」慣行から一旦排除された者がまずは非正規から始まるというのは、——落とし穴的性格を有する非正規に落ちてしまうと一生非正規にとどまらざるを得ないという日本の労働市場の現状が続く限り——多様な人材の活用を大きく妨げることになり、日本の労働市場における硬直性をますます強化させることにつながるのである。今後、「新規学卒一括採用」慣行を見直し、転職の自由度を高め中途採用を活性化させること

によって、雇用の多様化と労働市場の柔軟化を機能させることを期待する。

その大きな転換点として議論されているのが、最近東京大学を中心として発表された秋学期入学体制への転換の議論であろう。実際、この構想の狙いは、グローバル・スタンダードを意識した海外留学の利便性を図るといった他のところにあるとはいえ、このような大学の入試における変化の試みによって、結果的に日本の硬い雇用慣行であった「新卒一括採用」慣行の変容につながる可能性があるのではないかと期待する。

就職の機会を新規卒業時の1回に限定することの不合理性はもちろん、遅れて卒業したり、卒業してから別のことをやったりすることが不利となることのおかしさ、そして何より、実力ではなく年齢をもって就職の機会が限定されるというのは、時代遅れ的な発想ではないだろうか。

16. 現代の日本の就職活動（就活）システムと内定システムを考える

菅直人総理（当時）が、一に雇用、二に雇用、三に雇用といっていた。それほど雇用の問題が今の日本社会において重要であるということではないだろうか。雇用を生み出すための方法はいくつかあるだろうが、まずは採用されなければ話が始まらないであろう。仕事が見つからなければスタートできないのである。

日本の就活は一般には、大学3年の秋ごろから始まる。多くの企業によるエントリーシートのサイトオープンが10月ごろであるという（最近、12月スタートになったが）。しかし、なぜ大学3年の秋なのだろうか。なぜそんなに早く始めなければならないのだろうか。

無限の希望を抱いて大学生になり、ようやく学習の面白さもまじめさも少しわかってくる大学3年生という重要な時期に、なぜ大学での授業より就活のために外に出なければならないのか。企業による採用関連の説明会に出ること、企業の採用サイトで、エントリーシートを作成し入力すること、仮面接を受けることなどは、本当に必要であり、この時期からしなければならな

いことなのであろうか。非常に疑問である。

　ここで実際の3年生の秋からのプロセスをじっくり見てみよう。10月ごろから採用の説明会に出席し話を聞いたり、プチ面接をしたりもする。同時に企業のウェブサイトでエントリーしておく。その後、エントリーした企業から面接の連絡が来る。一般には3〜4回の面接を経て、内定（内々定）をもらうのはだいたい次の年（4年生）の4月までで、それをもって就活が終わる仕組みになっているようである。

　最近はかなり厳しい経済情勢下なので、その終わる時期が夏ごろまで（あるいは12月までというケースもあるようだが）延びているようである。順調にいくと、10月1日に内定式が行われ、そこに出席することが基本である。そこまでいくと、学生は安心であろう。

　その後、内定をもらった学生はどうするのだろうか。内定をもらったら、月1回程度（企業によって異なるが）その企業に呼ばれ、企業の人事担当者の主催のプチ研修やセミナーに参加して、話（多くは、自社の自慢話であるが）を聞いたり、グループに分けられて課題レポート（実際には、自社に関連するアイデア募集が多いが）を書かされたりする。つまり、一方的に課題を課されるのであるが、内定状態であるため、真剣にやらなければならない。このような強制的な側面をもつことをいろいろとやらされる。場合によっては、その課題レポート作成のため、大学の授業を休んだり、教授に質問するなどして答えを求めたり、アイデアを探したりもする。実に、企業サイドの勝手な都合であると思える。学生は実際に就社する4月1日まで、企業の要求に答えなければならないことになる。

　問題の核心は、3年生の秋からほぼ1年半以上、学生は就職のために企業の言い分にさらされることにある。つまり、企業はその人の採用を決める判断基準としては、大学の授業への取り組み方や学習の努力と成果、ゼミでの課題や卒論への取り組みなどを、まったく評価しないのである。つまり、企業に就職するためには、どの大学（レベルやブランド）の学生なのか、だけが評価されるのであり、指導教授の評価や授業やゼミでの活動などはほぼ関係

ないのである。つまり、入学偏差値は見ても、卒業偏差値はまったく見ないのである。

　大学は4年間であるが、就職活動に乗り出す前までの2年半程度の学習能力で、企業はその学生を判断するのである。実に効率が悪い。これで今のようなグローバル化の時代に、日本の企業は世界に通用するのであろうか。

　企業が内定システムにこだわる理由の1つは、早めに人材を確保したいということであろう。大学の貴重な学習機会や中身などまったく関係なく、自分の勝手な欲望である人材確保さえできれば終わりである。これでよいのであろうか。あるいは、このような就職活動の風景は他の国でも見られるものなのであろうか。答えは否である。このような方法は日本以外は見られないのである。日本の大学生だけが貴重な4年間の学習機会の半分程度を企業の言い分によって失っていることになる。これで今の時代に他の国の企業とのグローバル市場での厳しい戦いに勝てるのであろうか。

　また、もっと深刻なのは、グローバル化の進展によって、今はもう日本の国内だけではなく、国際的に若者同士で競争しなければならない時代なのである。このような学習プロセスで他の国の若者と戦って勝てるのであろうか。半分以上不足したままの学習能力であっても、企業に入りさえすれば自然に仕事ができるようになるのであろうか。

　昔の日本企業は、真っ白な新卒者を入社させ、その企業独自の体系的・総合的な教育訓練プログラムによって実際に勉強させることで、立派な一人前の企業人に育てようとしたのであるが、今はもう4割の従業員が非正規社員であるので、昔のような体系的な教育訓練も総合的なキャリア教育もできない状況にある。これでは、本当にただいわれたルーチンな仕事しかできないだろうし、それさえできるのもやっとであろう。これでよいのだろうか。今後の日本企業の人材マネジメントのあり方はこれでよいのであろうか。実に心配である。何とかしてこの内定システムと就活システムの仕組みを変えなければならないのではないかと思うのである。

　時代はもう大きく変わってきている。今までの内定システム、そして就活

システムはもう要らない。時期と時間を縮小し調整すべきであろう。そして人材の採り方も評価の基準も変える必要があろう。その方向性とは、少なくともその人の貴重な４年間という有意義な大学生活と充実した学習内容をすべて認めるようにするものであることはいうまでもあるまい。

　大学は就職のために存在するのではない。学生は就職のために勉強するのではない。就職はあくまでも結果であって目的ではない。教育と学習、勉強と教養、そして青春とロマンがより中心であろう。日本以外に、このようなでたらめなやり方をとっている国が他にあるのか、世界をきちんと見ることが大切であるように思える。

17. 今、新卒者の就職の厳しさ（就職氷河期）を考える
　　―若者の意識と就職とのミスマッチ―

　中途採用は別として、企業と人材（新卒者）のマッチングについて考えてみれば、（すべてではないが）企業が欲しがる人材はみんな大学（高校）にそのまま揃っているので、企業が人材を求めるときに、採用（配置）を予定する地域（作業場）や条件（処遇や職務の内容など）などの企業からの情報を、必要に応じてまとめて大学にしっかりと流せる仕組み（システム）が用意されれば済む話であるように思える。

　なのに、現状はまったく逆というか、大げさにいえば、わざわざミスマッチの状態を作るために学生がバラバラに分散されて、山ほどある企業の説明会に行って無駄な時間をかけて企業からの勝手な自慢話を聞く仕組みになっており、大きなバイアスが生じているように感じている。企業の情報は多様なツールを通じて流せば済む話であって、わざわざ一人ひとりに自社の情報をいちいち説明会を設けて説明したりする必要が本当にあるのだろうか。しかも多くの学生は３年生になるとほぼ自動的に多様な個別の会社が開催する説明会に行くため、大学の貴重な授業に出られない滑稽な風潮を作っているようにも感じられる。その説明会への出席がそれほど就職するのに決定的に

大事な行事なのだろうか。それをしないと企業は学生に自社の自慢話を聞かせられないのであろうか。この無駄な就職活動（就活）を終わらせる（内定をもらう）ために1年以上もかかる必要が本当にあるのだろうか。今の日本の労働市場（就職市場）は、情報を発信するシステムと情報の集め方や活用の仕方がどこか大きく間違っているように思える。就職活動のために大学3年と4年の半分くらいを浪費させる根拠は果たしてどこにあるのだろう。日本以外の他の国にもこのようなとんでもない無駄な仕組みは存在するのだろうか。筆者の目には不思議でしょうがない。

　そもそも問題の1つは、企業が自社に求める人材像がはっきり決まっていないことである。つまり必要とする人材の中身（能力や実力の水準など）を曖昧にしているために、とにかくたくさんの学生と接するなかで、自社に必要な人材なのかどうかは関係なく、何とかよりレベルの高い（より偏差値が高い大学出身の）人を獲得しようという、基準のあいまいな欲望があるからではないかと思う。他にもう1つの問題は、学生の行動も企業の行動とまったく同じであるということ。すなわち、自分に合った職種や就職したい企業の基本的な情報の収集活動はしないで、取りあえずイベントへの参加というような感覚で説明会に出ることばかりに気をとられているのは、そのうち、自分に合った企業と会えればよいし、会えなければその行動をやり続けるしかないと考えているからではなかろうか。学生も企業も大切な自分の時間とエネルギーを浪費しているのではないだろうか。

　ただちに今の日本の就活・内定システムをやめるべきであろう。逆にいえば、現在の就活・内定システムを変えない限り、今話したような非生産的でバカバカしいミスマッチはまったく改善されないであろう。つまり少しでも学生と企業との就職のミスマッチを改善させる気があるのなら、今必要なのは学生たちを大学に戻すことであり、企業はもう少し大学を信じることだろうと思う。学生たちにはもう少し大学の授業のなかで多くを発見し成長することを期待したい。企業も、大学と授業と教員をこれ以上馬鹿にしてはいけない。それを続けるうちに日本の企業の国際競争力はどんどん低下し、他国

の人材とのグローバル市場での厳しい戦いに負け、結果どんどん国内に引きこもっていくことになるのではないかと心配される。結局のところニッポンのガラパゴス化はそこから始まったのではないだろうか。

　残された方法は、企業にしろ、学生にしろ勇気を出して自分の仕事（学生は勉学、企業は顧客の創造）に専念することしかないであろう。企業は企業の宿命と役割を、学生は学生の本分を忘れずに、大学は本来の自由の学府として学生の知性や教養を培養することに戻るべきではないだろうか。

　厳しい現実の状況と人間の意識のミスマッチはごく自然な現象であるといえるが、そのマッチングへの努力を妨げてはならない。問題の核心は、そのマッチングの機能をどこが担うのかであり、その答えは、当然のごとく大学の教育課程において解決すべきであると筆者は強調したい。つまり、少なくとも大学の教育のなかで自分の将来の就職観や自分に合った適性といったものを発見させることが望ましいと考える。その内容は、全体的にはキャリア教育の範囲内ではあるが、おそらく幅広い教養と専門的知識の蓄積過程のなかでの多様な試みと挑戦、そして人間関係のなかでの相談や討論、悩む力を養うことの結果、自然に浮き彫りになってくる自身の好みを見つけ出すことが重要であると考える。言い換えれば、悩む力の培養が優先順位として先であって、自分の好みや適性の発見なしには、いつまでたっても面接を何回繰り返しても未知のものである就職ではミスマッチに終わるであろう。スティーブ・ジョブズの言葉を借りれば、「恋愛する相手を探すように、自分に合った仕事を見つけてほしい」のである。そして重要なのは、マッチングだけではなく、ミスマッチを修正するチカラを養うことではなかろうか。

18.　就職活動（就活）にいわゆるスペック（スペシフィケーション）は有効か

　近年、韓国の就職市場ではスペック（スペシフィケーション）と呼ばれるキャリア条件が重要であるという。韓国でのスペックとは、就職活動（以下、就活）の際に企業から要求される資格と、英語（TOEIC/TOEFL）などの点数、

学歴（成績）、国内外インターン経験などを総計して点数化したものをさす。このスペックがよいと、エントリーした企業で面接機会を獲得しやすく、最終的には採用の決め手になる可能性が高いのである。

　今回は、スペック自体の良し悪しに触れるより、就活を規定する条件は何かについて整理する。またそこに日本と韓国の差異があるのか、それは何を意味するのかについて考えることにしたい。

　冒頭に紹介したように、まず韓国社会におけるいわゆるスペックと呼ばれるものについての話を少ししよう。先に結論的にいえば、スペックという、行き過ぎた点数化現象に違和感を覚える社会からの批判があるのは事実である。数字としての点数化に邁進すると点数を上げるためのテクニックに走ることになり、結果的に見た目（総計としての点数の高さ）と中身のズレが生じる傾向がある。スペックの広がりは韓国社会の国際化（グローバル化）の進展によるところが大きい。なぜなら、昔は大学を卒業するまでの4年間、ひたすら勉強しかすることがなかった。しかし、今は大学での勉強だけではなく、語学を含めた海外留学の経験が決定的に重要視されるようになったからである。語学（多くは英語であるが）が重要になり、海外にも通用する人材にふさわしい語学力とその関連資格をもつことで、結果的にスペックの点数が上がり、就職への成功率が高くなるのである。もちろん英語やアメリカなどでの留学経験を重要視する風潮が社会的にどのような意味合いがあるのかについては多くの異論があるだろう。しかしながら、世界の動きが英語やアメリカに向いていることは確かであり、そのような傾向が今後も強まる可能性が高くなった今でも英語を否定し、日本国内に引きこもる日本の若者の姿勢や考え方にも確かに大きな疑問が残る。

　好き嫌いに関係なく、今の時代、あるいは今後の時代において必要不可欠な条件の1つとして英語とアメリカへの理解が重要であるとするならば、今の日本社会にも起こっている英語の社内公用語化現象は一時的なブームではなく、一種のやむを得ない時代的現象として肯定的に受け止める必要があるだろう。社内で英語を使う環境づくりへの挑戦が日本でも始まろうとしてい

るなか、多くの社会人や学生たちはいったいどうするべきなのかを真剣に考えなければならない時代に来ていることは確かであろう。

　正確な時代認識と社会的・国際的要請を理解し真摯に受け止めること、現状から逃げないで真正面から戦う姿勢を見せるのが若者の特権でもあるはずである。失敗を恐れず、変な妥協を許さず、最後まで逃げないこと、諦めないこと、そして自分自身をなめないこともキャリアのスタートラインに立った若者の特権であろう。

　スペックの点数管理が重要なのではなく、自分の潜在的可能性に挑戦することが結果的にスペックの立派なマネジメントであるという認識をもつことが重要であろう。日本も韓国も当分世の中はスペックの強化や拡散に走るだろう。しかしながら、就活に必要なのは資格やインターンの経験だけではなく、自分流の語れるキャリア・豊かなキャリアでなければならないと考える。資格やインターン、海外での留学経験などをもっていれば安心感はあるだろうが、それがそのままキャリアの成功につながるわけではない。どこに就職するのかではなく、どんな仕事をするのかが重要であろう。その意味で「就職」ではなく、「就社」になっている日本の労働市場の現状を見直し、真の意味での就職を求めて日々自分のキャリアを磨く努力をすることが、結果的に語れる人生になるであろうし、就職にも成功するであろうし、誤解の少ない人生にもなるであろう。

　会社に入ればおしまいではなく、そこからが問われる時代なのである。入社は入口であってスタートラインであろう。そこからどのようなレースを見せるのかはそれまでの人生、特に大学4年間で何にどのように取り組んできたのかが勝負の条件である。すでにどこの大学に入ったのかを示す入学偏差値を問う時代ではない。大学4年間での到達点を示す卒業偏差値の時代なのである。スペックはキャリアや勉学の結果であって目的ではないはずである。これから問われることは、大学の教育の中身であり、そこに取り組むべき学生自身の真剣勝負の中身であろう。

　ある一定のレベルの大学に入りさえすれば就職でき、評価される時代はも

う終わったといってよいであろう。終身雇用神話の崩壊がささやかれるなか、今の時代を正確に把握し、理解し、時には根拠のない勇気をもって能動的かつ柔軟に発想できる創造的人材が求められるのであって、スペックの高い点数のためにのみ賢く頭を使って点数管理をする人材はもう要らないし、居られないであろう。その意味で、韓国の企業社会がスペック重視思考から脱皮することを期待する。そして日本の企業社会にも従来の内定システムを止め、そして入学偏差値で評価する単純な発想から脱皮することを期待する。人間は成長の過程（中身）と潜在能力を正確に評価することが重要であろう。与えられたことへの対応力より、自分の頭で考える力が足りなければ、今の時代にはもうついていけないであろう。好きな仕事をやることより、好きに仕事ができる人材が求められるのである。

19. 就活の虚実と大学の役割

近年、日本の企業社会の大きな変化として、「出口」の時期が一定でなくなっていること、およびそれとの関連でキャリア形成のあり方に関するものがあげられるのではないか。つまり、この変化とは、昔の雇用保障の結果としての定年制をもって退職（引退）という一連のプロセスの連続性が崩れてきていることから、いつ出なければいけないのか、いつ解雇されるのかわからない時代になってきたということである。

ここでの関心は、このようないわゆる「終身雇用慣行」の崩壊によって、すなわち仕事人人生のプロセスの結果としての「出口」が大きく変わったことに対応して、就職（実際は就社）するプロセスとしての「入口」も変わらなければならないという、一種の整合性がとれていない現状をどう評価するかである。実に大きな問題として就活の虚実と大学の役割について考えなければならないのではないかということである。

終身雇用慣行の存在によって保障されてきた日本の雇用とキャリア形成について、その崩壊とともにすべての意味合いが変わらなければおかしいとい

うことを指摘したい。従来の日本の雇用では、雇用保障によって1つの組織内（企業内）での継続的なキャリア形成が可能となるので、就職さえできればその後のキャリア形成は企業に任せられる時代であった。このことが実は、大学の役割と大学生活のあり方に大きく影響してくることについて少し説明したい。従来の日本の企業社会では、終身雇用によって、すなわち一生その組織内にいられることによって、生涯を通じて計画的かつ体系的なキャリア形成が可能であったのである。極端にいうならば、従来の大学生は、大学4年間で遊ぶことができなければ、一生遊べる時間が存在しない体制であったといえよう。しかし、今はどうだろう。

　結論をいえば、状況は一変した。しかし、実際にはまったく雇用保障のできない時代になっているにもかかわらず、企業人（仕事人）になる前の大学4年間の生活の中身はさほど変わっていないような気がする。つまり、組織内部のプロセスと「出口」の状況はすっかり変わっているのに、「入口」としての学生の意識と行動パターンはまったく変わっていないのではないかと思える。また今は終身雇用の崩壊だけではなく、非正規雇用の拡大によって従業員（仕事人）の構成もまったく状況が変わってきている。いつ辞めさせられるかわからないことに加えて、正規の社員ではないいわゆる非正規社員に対する教育訓練やキャリア形成の考え方や体制にも以前とは異なる評価と対策が必要になってきたといえよう。つまり、日本型雇用保障システムの変化と就業構造の多様化によって、以前とは異なる大学の役割と責任が問われるようになったといえよう。

　ここで重要なのは、変わってしまった日本型雇用システムのもとでは、大学4年間に以前の大学生のような勉学の怠慢が続くと、一生勉学（学習）の機会をもたないことになってしまう、ということであろう。言い換えれば、従来の企業任せのキャリア形成から自己責任のキャリア形成の時代になってきたのであり、社会人になってから仕事人として必要な本格的な学習（教育訓練）を始めるのではなく、大学生活のなかでしっかりと勉学しておかないといけなくなってきたということであろう。就職さえできれば、会社に入り

さえすれば、後は神経を使わなくてすむ、というわけにはいかないのである。むしろそこから真の意味での人生のキャリアが始まるのである。しかしこのような状況を何も想定せず、何も用意していない状態で仕事人としてスタートしてしまうとどうなるかは火を見るより明らかであろう。それは個人的にも社会的にも競争力を維持できなくなり、特にグローバル競争市場で勝てないことを意味するであろう。

したがって、状況が変われば当然その仕組みや対応も変えなければならないことになる。昔の大学は、日本の組織人にとってある意味遊び場としての貴重な時間であったが、今は勉学のための充実した貴重な時間にしなければならなくなったのである。大学の役割と責任そして学生たちの大学生活への意識と取り組みに一定の変化が生じていることを認めなければならなくなったのである。しかしながら、いまだに日本の社会と企業サイドでは、大学の役割についてかなり過小評価しているような気がしてならない。

日本型雇用システムの変容とグローバル化の進展という現在の状況を見誤ることは許されない。この状況を見誤っている弊害が、日本の社会の多様な場面において顕著に表れているような気がする。その象徴的な出来事の一例として、現状にうまく適応して世界の舞台へと飛躍したサムスンがあり、一方で日本のガラパゴス化現象が目立つのではないかと思えるのである。

従来の内定システムがいまだに維持されている結果、日本の学生たちの大学での貴重な勉学の時間を浪費させているのであり、日本の就活システム全体を見直さない限り、大学の本来の目的である未来の人材の育成という役割も果たせないであろう。大学がその役割を果たさない限り、日本の若者の国際競争力の強化は保証できないのではないかと心配する。

20. キャリアの節目と「弱いつながり（weak tie）」の有効性

よくいわれることであるが、世の中の人間関係には、「強いつながり」と「弱いつながり」が存在していて、就職や転職など、キャリアの節目には

「弱いつながり」が効くらしい。なぜキャリアにおいては「弱いつながり」がより有効なのであろうか。果たして実際「弱いつながり」はどれほど有効なのであろうか。「弱いつながり」から、思わぬ話で転機が訪れるということが多いらしい。

　ここで、「強いつながり（strong tie）」とは、普段から常に接していたり、日常的にかかわっていたり、状況をすべて把握していて普通にアドバイスができたり、常に話し合い、コミュニケーションできたりする関係のことをいう。しかし、このような「強いつながり」とは、常にかかわり合い過ぎているせいなのか、その影響力をあまり感じない場合も多いとされる。

　しかし、「弱いつながり」は、普段接することはない（たまにしか会わない）ので、むしろたまに会ったり、相談を受けたりすることによって、特に転職の相談などを聞いたりすると、彼女（彼）が今置かれている状態をあまり詳しく知らないおかげで、「強いつながり」より、かなり客観的・冷静に現在の状況や状態などを評価したり、アドバイスしたりすることが容易であるといわれる。なので、実際、就職や転職などのキャリアの節目のときに、「弱いつながり」によって思わぬ影響を受けることが多いということである。

　また、「弱いつながり」には、その人の置かれた状況やその時期的変化の流れなどを冷静に見る力を発揮する場合が多いとされる。人と人との関係性は、常にそばにいたり、深くかかわっていたりすると、普段の変化や緻密な成長をあまり敏感に感じられないこともしばしばある。むしろ、たまに会ったり、久々に話を聞いたりすると普段とは違う些細な変化にも気づきやすい場合が多い。その微妙な変化にも敏感に反応するということである。本人が気づいていないところにも「弱いつながり」は気づいたりするのである。そのような側面がキャリアの節目には特に決定的に効くことになる。これがキャリアにおける「弱いつながり」の有効性であり、また必要性であり、影響力であるといえよう。

　このように、キャリアの節目には「弱いつながり」が有効であるとよくいわれるが、実は日本とアメリカでは少し違う様子を見せているのではないか

と思える。一般に、アメリカでは「弱いつながり」が有効であるといわれているが、日本は決してそうでもないらしい。

　日本で「弱いつながり」がアメリカ社会ほど有効でないのは、いくつかの点でアメリカとは異なる日本の風土がその背景に存在することが原因と考えられる。まず、日本社会における人間関係の狭さが問われる。日本社会では、学校や会社の同僚以外にも幅広く人間関係を広げることに消極的であり、自分とかかわりの薄い人間との関係においてもあまり積極的ではないというのが原因の1つであろう。

　また、少し前まで、特に組織においては終身雇用という長期雇用の慣行が存在し転職に積極的ではなかったので、実際転職に関して幅広い「弱いつながり」からのアドバイスを受けたりすることがあまりなかったことも指摘されよう。長い期間同じ組織しか経験していない普通の会社員にとって、いくら転職というキャリアの節目に直面したからといって、実際自分に影響を与えるのは、結局は現在周りにいて日常的に接する「強いつながり」しかいないことになる。また日本の転職の場面では、知人からの紹介という形が多く、日本社会において紹介ということになると、保証や信頼という側面がかなり強く、結果的に「強いつながり」の方がより有効的に働く可能性が大きいのであろう。

　しかし、今後も日本社会においてこのまま「強いつながり」が有効性を発揮するのかについてはやや疑問である。なぜなら、今の時代は人間関係にかなり個人（個別）化現象が生じており、転職時に紹介したり、紹介されたりする行動があまり有効でなくなっているように思えるからである。実際に人を紹介しても、責任や評価は紹介した人とは別に判断される場合が多く、またその人の能力がわからないまま単純な信頼をベースにした紹介はますます減ってきているような気がする。つまり、だんだん日本社会もアメリカのように「強いつながり」から、「弱いつながり」へと移行していく傾向があるのではないかと見ている。

　この辺の変化は韓国社会においてもまたいえることであろう。一昔前の韓

国社会では、人からの依頼や紹介が日本と同じように多かった。しかし、現在の就職・転職市場ではほぼオープンな形式をとるようになっており、誰かからの強い紹介でそのまま決定されるという仕組みはもう終わっている。

　したがって、日本社会における人間関係の個人化の進展にともない、「弱いつながり」は、情報の多様化と拡散化、そして評価の客観化などにますます有効性を発揮しやすくなっているといえよう。これからは就職や転職というキャリアの重要な節目のときには、自ら進んで自分がもつ潜在的能力や人間的魅力をアピールしない限り、その就職や転職は決して成功しないであろう。また情報公開の進展によってほとんどすべての情報が明らかになっている状況で勝負するには、自ら積極的にアタックしない限り、成功は難しいだろう。仕事への強い信念と実力が決定的なカギとなるであろう。アメリカや韓国社会のみならず、今後の日本社会においても、キャリアの繋ぎにいわゆる「弱いつながり」がますます有効になってくるのは間違いなさそうである。普段から、このような幅広い「弱いつながり」を大事にするしか他によい方法はなさそうである。

4章

女性雇用とキャリア

21.「ワークライフバランス」の理解のためのいくつかの側面

　ワークライフバランスとは、一般にいわれるような仕事と生活の両立という単純な発想ではなく、そこにはいくつかの側面があるものとして捉えることが重要である。そのいくつかの側面とは、一般にいわれている下記①以外にもう２つの側面を加え、少なくとも以下の３つであるように思える。
　①仕事と生活（家庭）の両立、②組織の発展と個人の成長の両立、③仕事への満足と個人の心理的ウェルビーイングの同時達成。
　したがって、①仕事と家庭の両立とは、仕事（有償労働）と仕事以外の生活とのバランスの状態をいう。特に仕事以外の生活とは、実に多様ではあるが、家事、育児、出産、介護、地域活動、ボランティア活動、プライバシー、趣味活動、キャリア目的の各種学習時間などをさす。仕事（働くこと）と仕事以外の生活におけるいくつかの諸活動とのバランスを保つことが可能な状態をワークライフバランスというのである。ただし、これだけではないことに気づいてほしい。
　次に、②組織の発展と個人の成長の両立であるが、会社（組織）の発展と個人（自分）の成長の両立のことをいい、このバランスもまたワークライフバランスの重要な一側面であることを忘れてはいけない。そして企業経営の基本として、合理的な行為（意思決定プロセス）をするために、以下の２つの概念（①効率性〔能率性〕、②有効性〔効果性〕）を同時に考慮する必要があるだろう。

つまり、企業の経営が成り立つためには、効率性（＝個人〔個別〕）の次元と、有効性（＝組織）の次元の相互的補完関係の問題が同時に考慮できなければならないということである。企業経営（行政・政策）の成功（目標達成）は、個人の目標達成（満足）＋組織の目標達成（維持・発展）という両方の側面を同時に考慮すべきであるということである。個人（従業員）の犠牲の上の会社（組織）の繁栄というのは望ましくないし、逆に従業員の作業内容や給料に満足を与えられても、その会社（組織）の運営が苦しくなり、倒産の可能性が高くなってしまうのでは、どうしようもないであろう。

そして、最後の③仕事への満足と個人の心理的ウェルビーイング（Psychological Well-Being）の同時達成とは、そこで働く人々の心理的安寧、安定、安全、安心、安楽の状態を保つことが重要であるということを意味する。実際多くの研究成果によると、家庭や生活の安定は仕事の安定につながる。そして仕事の安定や職務キャリアへの満足は、また家庭や生活の安定をもたらすといわれる。つまり、仕事と家庭・生活への満足には、強い相互補完関係があり、お互い影響し合うことで、一方が他方の安定や満足に強い影響を与えているのである。

したがって、近年よく耳にするワークライフバランスとよばれるものが、このいくつかの側面を同時に達成していることを正確に理解する必要があるだろう。ワークライフバランスは、決して国や地域、企業サイドからの一方的な取り組みで実現できる単純なものではなく、より総合的な概念として多面的に接近することが重要であり、その実現には、複数の条件を同時に達成できるような、より複雑で大きな枠組みのなかで進めていくことが大事であるといえよう。

22. ワークライフバランスといったときの「バランス」の条件

ワークライフバランスの議論において重要なのは、発想の転換であろう。リスクを負わずにワークライフバランスの実現は不可能である。つまるとこ

ろ、現実的にワークライフバランスを推進することにともなって生じるリスクを正確に理解することであろう。ワークライフバランスのバランスの条件は、個人だけではなく、企業や国・自治体がそれぞれ自分の役割を果たすことからスタートしなければならないであろう。そしてバランスのために改善すべきことを整理すると、以下になる。①労働市場（雇用形態）の柔軟化の実現：転職と中途採用の活性化（入口の見直し）、②正規・非正規を超えて：「落とし穴」の非正規から「選択」の非正規へ、③教育と仕事の発想の転換：Work to School、School to Work の実現へ、④家庭と仕事の発想の転換：Work to Family、Family to Work の実現へ。これらの実現が理想として考えられる。

つまり、日本社会にワークライフバランスを実現させるためには、バランスへの正確な理解が欠かせないということであろう。このバランスは発想の転換を伴うものであり、この転換には上述の4つの象徴的な意味での社会全体にわたる意識的な変革をともなわなければならないことを強調したい。そして今日、日本社会に課された緊急の課題は、特に日本の働く女性にとっては、「work to family」「family to work」はもちろん、キャリア形成を考える際には、「work to school」「school to work」的発想まで進展することが求められている。

そして、発想の転換でもう1つ重要なことは、ワークライフバランスの主役は「人間」であるということである。つまり、出産や育児休暇を取るのも従業員である男女の人間であり、それを正確に理解し対応するのも残された従業員同士であり、管理者および経営者であろう。したがって、その異なった立場の人間同士の心を動かすような対策でなければ根本的な変革にはならないであろう。人間を動かすためのモチベーション論やプレッシャーの心理的側面を正確に理解し、うまく活用することが大事であると思える。

そういう意味において、今のワークライフバランスの議論は、内容的にはワークライフハーモニー（harmony）でなければならないところがある。もちろん、この「ハーモニー（調和）」的発想にもより複雑な概念が存在するの

で、その解釈には気をつけなければならないことはいうまでもない。やや矛盾した表現に聞こえるかもしれないが、この「ハーモニー（調和）」的発想は、どこかに合わせる意味での「和」ではなく、「均衡（バランス）感覚を保った調和（ハーモニー）」を意味していることを理解する必要がある。

そして最後に、仕事と生活の「両立」を考える際に、現実問題として選択の仕方も重要であるように思える。

一般に、私たち人間は、どちらか一方ではなく、両方を取りたがる傾向がある。1つだけではなく、2つ以上を確保したがる。賢い人間の欲望の結果であろう。気持ちはわかる。しかし、現実にはそのような容易な（安全な）やり方があるだろうか。実際多くの場合は、失敗しているように思える。

つまり、多くの場合には、一方を（悔しいけど果敢に）放棄することで、確実にもう一方を手に入れることが許されるのではないだろうか。ここでいいたいのは、現実の多くの議論（例えば、仕事と生活の両立、学業とアルバイトの両立、低価格と美味しさの両立など）は、ある意味「夢（将来）」をとるか、「お金（現実）」をとるかの議論ではないだろうか。時間が迫ってきているからといって、他の妥協策や解決策、そしてまったく新しい発想を考えもしないで、今の時点で可能なこと、やりやすい方法に妥協してしまうことで、永遠に後戻りできない決定的な過ちや後悔を招く場合もあることを忘れてはならない。金がかかってもやらなければならないこともあるし、自分の夢の実現のための時間的タームも10年先（後）ではなく、その先の10年、またその後の10年までを念頭に入れた選択（決断）でなければならないであろう。

その意味において、両立は現実には存在しないのではないか。思い込みがあるだけではないか。両立を実現し、両方を手に入れているように思いこんでいるだけではないだろうか。両方を手に入れることで、失うもの、目には見えない貴重なものを逃してしまう可能性は考えなくてよいのだろうか。それがむしろ大きかったり、決定的であったりするのではないだろうか。例えば、学生にアルバイトと学習を両立させることで、実際には多くの貴重な知識を得る機会や考える力、時代や社会の物事を見極める力を失ってしまうの

ではないだろうか。アルバイトをする時間と引き換えに、出会った友人との温かい対話や本を読んで感銘を受けることができないのであれば、アルバイトで得た経験やお金の代わりに、もっと貴重なものを失ってしまうことも考えられるのではないだろうか。

23. 日本でいわゆる「ワークライフバランス（WLB）」が進まない理由はほかにあるのか

　これまで日本の雇用は終身雇用といわれてきた。その実態がどうであれ、いわゆる神話としての終身雇用の存在は否定できない。また終身雇用の主な対象は、いうまでもなく男性正規社員であった。つまり、終身雇用が神話として存在し、しかもその対象が男性正規社員であったということは、最初から女性の雇用は想定外であって、あるいは女性は家事労働の担い手であり、一般の労働市場から排除された存在であったということであろう。今の時代のように、女性が当たり前のように社会進出している世の中をまったく想定していなかったのではないか。

　つまり、日本では女性労働者を労働市場から排除していたというよりも、当たり前のように最初から念頭に置いていなかったこと、この日本の労働市場の認識の風潮・慣行があったことについては、正確に理解しておく必要があるであろう。

　人の意識とはなかなか変わりにくいものである。常に家事に専念する、家庭にいた女性が、いくら多くの女性労働者が当たり前のように社会に進出したからといって、いきなり人間の意識が変わるわけにはいかないのである。

　このことが、日本において現実的に「WLB」の実現を難しくしているような気がする。つまり、アメリカとは違って、日本の雇用に終身雇用慣行があって、その想定はあくまでも男性正規雇用であったせいで、今女性労働者に対する仕事と生活との両立支援としてのWLB施策がなかなか進まない原因になっているのではないだろうか。

日本の固定観念では、女性の幸せは結婚であり、家事をする（家庭にいる）ことであり、最終的に良妻賢母になることであるとしている。良妻賢母には仕事をする女の姿はない。日本の女の幸せの姿には、あくまでも賢い母とよい妻しかいない。仕事は男の仕事であり、仕事をする男を立派にするために家庭によい妻がいるだけである。

　WLBは、支援が重要であるという。しかしながら、考えてみれば、支援の担い手である社会や組織の責任ある立場の人間は、みんな男であり、おやじであり、古い人間ばかりである。人間の意識はいきなり変わるものではないと述べた。特に、この国をここまで豊かにした主役であるおやじ世代、組織の責任者、支援の立場にいる人間はみんな古い考え方をもっている団塊の世代ではないか。これでは、支援の中身にも疑問が残る。本当の意味での支援は何であり、どうすればよくなるのであろうか。WLBへの世の中の理解が根本的に足りないのではないだろうか。何か別の議論の基準やルール、スペクトラムが必要ではないか。今のままでは時間が大分かかりそうである。それでよいなら別だが、何とかして日本の企業社会にいわゆるWLBを実現したいなら、別の方法を取らなければならないであろう。

　新しい時代にはそれなりの新しいルールが必要であり、昔のままの慣行化された古いルールを捨てない限り、新しい発想は生まれてこない。上の世代たちが考えている女性のための対策だけが正解ではなく、より柔軟で自由な発想が可能な新しいスペクトラムに通してみることが望ましいであろう。日本の組織社会が昔からの慣行に縛られ、今もなお男性正社員中心の発想しかできないでいるならば、今後も日本にはWLBの実現は期待できないといえよう。WLBは決して女性雇用のためのちょっとしたルールづくりではなく、働くすべての人のための施策であるという発想をもたない限り、日本社会におけるWLBの実現まではかなりの忍耐が必要だろうし、いいかげんな試行錯誤が繰り返されるであろう。

24. Work-Life Collision（ワークライフ衝突）を考える

　共働きの夫婦がいて、そこには子供もいて、そして子供には親（特に、ママ）との時間がほしい。しかしママは仕事をしなければ生活が大変である。さてどうする？　ごく普通の家庭において、このようなワークとライフの衝突が起こる。仕事と生活のこのような衝突（Collision）を両立（Balance）させるためには、どうすればよいのであろうか。

　「時間」（育児を含む子供との一緒の時間）をとるのか、「お金」（生活のために仕事をする）をとるのか？　完全ではないが、妥協案を想定してみる。夫婦は仕事に専念し、そこから得たお金で、その親の代わりに、誰かを雇って子供の世話をする。子供にとっては、親でないのはいやだけれど、自分一人よりはマシかもしれない。しかし、やはり物足りない。でも親から考えると、子供との時間を作るために仕事をしないというのは物足りない発想かもしれない。もったいない気もするかもしれない。せっかく身につけた技能と知識を活かすことが自分にとっても社会にとっても有意義であり、それが個人の人生を豊かにすることにつながる可能性についても考えざるを得ないであろう。

　しかしながら、一人残された子供の寂しさは、その彼（彼女）の人生のなかで、心理的・精神的にどういう影響を及ぼすのだろうか。きっとよくはないだろうと予想できよう。

　幼いころの寂しい経験は、大人になったらどのように影響するのだろう。仕事で頑張っている親（ママ）の姿を見て、自分も頑張って立派な仕事人になろうと思うようになるのだろうか。それとも、いつも一人でいた寂しい思いばかりが一種のトラウマになって、どこか曲がった性格の人間になる可能性が高いのだろうか。

　もちろん一律ではなく、ケースバイケースであり、多様なケースがあるだろうが、その真実はどうだろう。心理的・精神的な影響だけではなく、実際にはもっと複雑な出来事や事件などが絡み合う可能性もありうるだろう。一

人で覚えた悪い癖がその後ずっと抜けなくなることもあるだろうし、一人で耐えきれず悪い行動に走るとか、素行の悪い友達と接する可能性もあるだろう。
　逆に、親との楽しい時間を過ごすことで、感情豊かで魅力的な人間になる可能性はどれくらい上がるのだろう。立派な「家庭教育」を受けるというのではないにしても、普通（一般）の人間の姿、普通の家庭を経験することの大切さをまったく知らなくても大丈夫であろうか。
　そして親にとってみれば、仕事をすることで、子供に寂しい思いをさせたことに一生申し訳ない気持ちをもつこと、仕事をすることの意味について子供が自らわかってくれることを期待するしかない現状、もし子供に何か悪いことがあったら、自分が家にいなかったせいかもしれないと心を痛めるしかない状態をどのように理解し対応したらよいのであろうか。
　ワークライフ衝突には、日本型の働き方・働かせ方の問題や長時間労働の問題がその背景にあることを正確に認識すべきである。特に、長時間労働や過剰労働の問題は、子供を含む家庭を崩壊させるだけではなく、働く本人自身の心も身体も崩壊させる。慢性的残業という形での長時間労働・過剰労働の結果、精神的・身体的に過剰の疲労を招き、次第に身体も精神も深刻なうつ病的状態に陥り、最終的にはその人間をダメにさせていくのである。そこには死だけが存在するのであって、生はなく、希望や夢も存在しないのである。
　親（ママ）が、自己実現と自己完成と（少しでも）豊かな生活（自分だけではなく、家族のため）を手に入れるために社会に出るとき、仕事と生活の衝突が起こる。衝突はやむを得ないことなのか、それとも回避可能なことなのか、いわゆるWLB的発想は、真の意味での私たちの社会および家庭における両立（調和）を可能にする唯一の方法なのだろうか。人間にとって真に大切なものは何なのだろうか。今の日本社会ではWLBについて多くの議論がされているが、WLB自体についてだけでなく、人間社会にとって、仕事（働くこと）と生活をすること、そして家族や子供の観点も入れたより総合的な発想

で、もう一度原点に戻って考えなければならない重要なターニング・ポイントなのかもしれない。そしてこの答えを出すためには、経済学や経営学だけではなく、社会学、心理学、カウンセリングといった学問の学際的融合作業の取り組みが要求されるのであろう。

25. 仕事と生活の「両立」を考える―現実問題としての選択の仕方―

　先にも述べたように、一般に私たち人間は、どちらか一方ではなく、両方を取りたがる傾向がある。
　そして、今の多くの若い人たちにはほどほどにアルバイトをしたい気持ちがあるように見える。人生とは、常に選択の連続である。人間とは賢く選択したがるものである。常に勝ちたい、完璧な自分を想定するものである。そしていくつかのものが同時発生する場合には、一方ではなく、そのいくつかを同時に手に入れようとする。お金か勉強か、あるいは、学業かアルバイトかの選択に迫られたとき、普通は両方を取ろうとしたがる。しかし、人間社会において、現実にそれはできない。つまり、自分にとって完璧に両方を手に入れているかのように見えるだけである。本当は、その両方のどこかに間違いがあったり、足りなさが生じたりしていて何かしら問題が生じる場合が多い。それが私たち人間の日常生活の姿であり、人生というものなのかもしれない。本来、学業とアルバイトの両立はできず、両方の成果を手に入れることは最初から無理なのかもしれない。そして、真の意味でのWLBの実現を、同じ延長線上でもう一度考えてみる必要があるのではないかと思える。ただ、このような両方の同時入手の議論の始まりが実は人間の欲望からきているのであれば、実に危ない話であるかもしれない。つまり、勉強もしたいが、アルバイトもしたいというのは、気持ちはわかるけれど、それはその自分が置かれた状況に最初から合わない無理な欲望かもしれないということである。もちろん、勉強することだけが学生の生活のすべてではないが、少なくとも学生時代の本分は勉強でなければおかしい。十分に満足できる勉強の

時間を確保した後、経験や小遣いのために自分で頑張ってみようとして、多少のアルバイトの機会を設けることは決して悪くない。しかし、現実には、本末転倒のような状態が生じている学生が多いのも確かであろう。

しかし、矛盾するように思えるかもしれないが、今の日本の社会において、仕事か生活かの議論が、学業かアルバイトかの例のように、選択の次元にとどまっていることは非常に残念に思う。なぜならそれは、学生の身分とは違って、働く人にとって大切なことは、仕事だけではないからである。しかも今までの日本の組織では、仕事をすることだけが重要視されてきたところにたくさんの問題があり、それが私たちに仕事以外の生活面で多くの困難をもたらしてきた原因でもあるからである。その最大の被害者が働く女性であることはいうまでもない。

目に見えることしか考えないのは愚かな人間である。目には見えないけれど、世の中には大切なものが山ほどあるということは厳然たる事実であろう。これからの時代、効率よく賢く生きることも悪くはないが、もう少しこれからの自分のことを考える余裕、自分史を振り返る時間、鈍くゆっくり進む生活態度をもつことの凄さと心の豊かさについて、若者には、いちど真剣に考えてみてほしい。私たち人間が作り出している世の中の多くのルールは、ゼロサムゲーム（zero-sum game）になっており、自分が1つだけをとり、もう1つを譲ることによって、より豊かな社会の秩序が生まれてくる可能性についても考えてみる価値は十分にある。常に損をしないことばかりを考えるのではなく、たまには自ら損をすることも人間的で悪くないであろう。そして両立だけが善ではなく、不安に見える片方しかもたない状態がいつも悪というわけではないことについても少し考えてほしい。選択は常に間違ってはいけないものではなく、たまに間違ったりしても自分にしかわからない価値のある選択であれば、それは人生の「勝ち」であろう。逆に仕事か生活かという単純な二者択一的発想ではなく、仕事も家庭も大事にするような緻密な生活の姿勢もまた重要であり、そして自分にとってより貴重で価値のある選択であれば、勇気をもって負けてあげるくらいの余裕はもってほしいものであ

る。また、それと同時に企業や社会も、働く人にとっては、仕事だけでなく、生活も実に大切であるということを大いに認めるべきである。そしてWLBの選択において大事なことは、時間的タームをより長く設定することによって、今大事なことと今後大切になってくる将来的価値の両方を考えながら、現状と理想を見極めることであろう。

26. 男性の家事への参加を考える

今の日本ではイクメンとか、男性による産休（産前産後休業）・育休（育児休業）の問題などが話題になっているが、男性労働者による家事労働への参加と新しい発見という側面について少し触れたいと思う。まず、漠然と男性による家事（育児）について考える前に、家事や育児に関するいくつかの具体的な場面を想定してみよう。

男性による家事には、まず育児があり、次に掃除と洗濯、最後に料理があると考えられる。ところが、今でも日本には、男性が家事をすることを「かっこ悪い」、「みっともない」とする意識が存在し、今までの日本社会の「男性中心思考」（男性は仕事、女性は家事）に縛られてきたため、男性には家事に対する漠然としたあるいは根拠のない抵抗感が存在することを指摘しておかなければならないであろう。また、男性に、家事に対して本当は「やってみたい」、「やってもよい」といった何らかの肯定的な発想があったとしても、今まで一度も「やらされてこなかった」、「やったことがなかった」ので、「やっていない」状態にあることも確認しておかなければならないであろう。

そして、多くの男性が実際に家事労働を経験した結果、いくつかの「実感」が得られるのではないかと考えている。

それは、まずやってみた結果、「意外に面白い、やれそう、やってもよい、やりたい」という感想をもち、今までの考え方に若干変化が生じてくる可能性が考えられる。そして次に、家事労働の大切さへの理解、すなわち、男性が家事を経験することで家事労働のもつ真の意味について何らかの理解が深

まることが予想されよう。また、家事労働の大変さも実感できると思う。つまり、今まで何となく女性に任されてきた仕事を実際に経験してみることを通じて家事の大変さがよくわかるようになるケースも考えられる。最後に、「育児、掃除と洗濯、料理」といった家事労働が女性あるいは、男性の一方がやるものではないことがわかってくるのであり、それを実際やってみることによって結果的に家事労働は「夫婦の仕事」であり、「2人が協力し合ってやるもの」であるという結論に至るはずであると考えている。

さらに、家事労働の結果として、得られる3つの「喜び」の発見があるように思える。まず育児では、自分の大切な（愛する）子供の世話をすることへの「喜び」が発見できるのではないかと感じている。また、掃除や洗濯をすることからは、自分の大切な家族のために部屋や衣服などをきれいにすることへの「喜び」が発見できよう。汚れた洗濯物がきれいになってくることが気持ちいいのは、女性も男性も同じであろう。最後に、料理をすることで、自分の大事な家族と一緒に美味しいものを食べることや自分の愛する家内と子供においしいものを食べさせることへの満足の「喜び」が発見できよう。

イクメンとか男性による産休・育休という動きを、政策や法的な側面ではなく素朴な人間社会の日常の姿として眺めてみても、今までの男性社会には根拠のない偏見があったように思えるかもしれない。物事を判断するときには、単なる慣習や慣行に縛られることなく、より現実的なものとして捉えなおしてみること、そしてその古くから存在していた社会的偏見や古い価値観を超えた新しい考え方（転換の発想）をもつことが何よりも大切であり、そのようなささやかな試みから社会全体の大きな変化の第一歩が始まるのではないか。たまには、考える前に実際にいろいろと体を動かしてやってみることも大事なことだろうと感じている。

変わりにくい慣行や慣習のような古い考え方、いつからあるのかもわからないような社会的偏見を打破するためには、現状への絶えない疑問と多様な側面からの代案を考慮した、問題提起をするプロセスが重要であるように思える。男性の家事への参加の問題は、まさしく人類史の長い歴史のなかで固

まってきた偏見に対する真剣な問題提起であり、慣習に対する新たな挑戦の試みであったはずである。私たちの周りをよくよく探してみると、とんでもない偏見だらけでまったく動かせないような慣習が多い。それらに硬く縛られて安定（？）して過ごすより、常に鋭い意識をもって問題提起しながら不安定（？）に過ごす方が、より世の中の進化と発展に貢献する可能性が高いのではないだろうか。

27. 働く女性の役割意識と「自己効力感（Self Efficacy）」

人生には大きな転機がいくつかある。就職、結婚、転職など人それぞれに異なるが、特に結婚や出産は、女性にとってその後の人生への影響が男性に比して遥かに大きいことは事実であろう。こういった人生の自然な出来事が、多くの女性の社会進出を妨げ、意欲と能力のある女性が社会に貢献する機会が失われるという状況が、日本の企業にいまだ根強く残っているのはとても残念でならない。だからこそ、女性が自ら学び実力を示すことは、女性のキャリアアップには欠かせない条件となりうるのであろう。今後保守的な日本企業の体質を打ち破り、ますます加速化するグローバル化の波のなかでさらなる日本の成長を担うのが、女性の力であるのは明らかである。時代を担う女性になるためには、自ら高い信念（自己効力感＝Self Efficacy）をもち、現在の置かれた状況を正確に把握し、グローバル時代に通用する実力と魅力（Employability）を身につけることからスタートするしかないであろう。諦めず、夢をもち、そして希望（Hope）をもち続けながら、常に自分の生涯のキャリア形成に真正面にぶつかっていき、そしてバランスのとれた人生（仕事も生活も）を楽しむことが大切ではないだろうか。

しかし、いまだに日本では自発的に「一般職」を選ぶ女性が70％以上にのぼっているという事実を、どのように理解すればよいのだろうか。もちろんこの70％には、一定のバイアスがあり、結果的に一般職を選ばざるを得ない状況も存在するということを認めなければならないが、働く女性の7割

の人が自ら実際に一般職を選んでしまっている今の日本の状況を見極める必要があろう。つまりすべてとはいえないが、一般的には働く女性自身の仕事やキャリアに関する自己信念（自己効力）が、一般的に、働く男性に比べて落ちるということの表れであるように思える。

　しかし実際には逆に、働く女性は、男性とは異なる役割意識をもたなければならないと考えている。つまり、女性が自らの役割に対する正しい認識をもつことが必要であろう。働く女性がもつべき多重（二重）役割（キャリア）への自己認識とは、いうまでもなく女性は、男性と異なり、仕事への役割だけでなく、家庭・家事への役割もあることを認識しなければならないということであり、これに対して女性自らキャリアへの強い自己信念をもつことが周りから期待されている。それだけ働く女性に課された役割の負担は大きいし、それに対する正確で冷静な現実的判断が求められることになる。というのは、少なくとも日本において女性として働くためには、自分が家事や家庭・介護・育児といった生活の担い手としての役割をもった女性であることと、仕事の場における任された職務の担い手としての役割、という両（多重）側面からの自己認識が求められるからであろう。この二重（多重）負担の側面と二重（多重）役割の側面に対する自己信念（自己確信）の強弱によって、働く女性自身の実力（価値）と能力に対する最終的な評価が下されることになると思われる。この2つのバランスともいうべき役割への自己認識がしっかりしていない女性が多く存在するという現実の日本の現状もまた、事実であるといえよう。

　問題は、設定された社会システムや日本型雇用システムが最初から男性正社員中心の発想であり、その存在が女性雇用に決定的な阻害要因として働いていることは、すでに指摘した通りである。しかしながら、現実の日本社会においては、女性自身の問題としての役割意識やキャリアへの自己効力感が求められており、それがかなわず、なかなか雇用システムが改善されないまま今の時代を迎えている、という側面があるのも事実ではないか。

　今の世界は、もうすでに大変な時代、激変・激動の時代になっており、明

日がどうなるかわからないグローバル時代に突入して大分時間が経っている。日本社会が働く女性の雇用や職場システムを変えていかない限り、これからのグローバル社会には通用しないであろう。またそれとは別に、日本の働く女性自身もキャリアへの強い意識（自己効力感）と男性とは異なった特殊な役割意識（多重役割）に対する自己認識が求められるのである。つまりここでいいたいことは、社会や企業がやるべきことは山ほどあってその改善や解決に向かって緻密な努力をすることはもちろん大事であるが、要は女性自身も問題を強く認識するような問題提起という形の試みも、大いに意味があるということである。

　企業組織とは人間の固まりであり、そこで集まって一緒に働く人間同士の感情なり、行動がお互いに影響し合うことを再認識しておくことが重要であろう。つまり、企業組織においては、仕事への関心と能力だけが問われるわけではない。人間である以上、こちらも相手もお互いに気持ちよく働き、お互いに認め合うためには、男性、女性関係なく自身の持ち味を十分に出せるような魅力のある人間力が必要であろう。

　他人と一緒に仕事をするときに、社会でも職場でも、最終的には自分らしさ・女性らしさが決定的な要因になることはいうまでもない。自分らしさ、女性らしさという、一種の「人間力」に魅力を感じさせられなければ、昇進や転職といったキャリア形成にも問題が生じ、気持ちよく働ける職場づくりという意味でのワークライフバランスの実現もほど遠いであろう。世の中の法律や政策への不満をもらすだけでなく、自身がもつべき役割意識をしっかりもち、自分に任された仕事への強い意志と情熱をもつことが、女性労働者への偏見と不条理を打破する近道であろう。

　女性労働者がもつ多重役割遂行のための自己効力感は、結果的に心理的安定感を与え、その女性の生活全般の満足感を向上させ、キャリア形成や自分のもつ潜在的能力に対する高いレベルの自己確信と未来に対する自己信頼につながる、決定的な要因であることを強調しておきたい。

28. 女性雇用の再就職と非正規化（労働の質の低下）の問題

　女性雇用における多様な側面のなか、注意しなければならない1つの問題がある。それは、女性の再就職との関連である。一般に、日本の女性雇用はいまだにいわゆる「M字型カーブ」を見せている。つまり、男性雇用とは異なり、一定の時期において女性雇用の縮小、減少という様子を見せている。よくいわれているように、それは結婚や出産、育児などの女性の「ライフイベント」によるものである。この時期に女性雇用が伸び悩み、凹むわけである。しかしそれ以降、一定の時間を経てからはまた女性雇用の拡大、増大の様子を見せている。まさしくそこに注意しなければならないであろう。

　労働経済の側面から見ると、女性雇用のこの時期における雇用の拡大（量的拡大）について、素直に喜ぶわけにはいかない。確かにこの時期には量的側面では拡大しているが、「質的側面」の問題が深刻だからである。それは、まさしく女性労働における「非正規化」の問題である。端的にいえば、量的には拡大しているが、その中身の質的低下、あるいは雇用悪化、すなわち女性雇用の非正規化が問題であるということである。

　にもかかわらず、今の日本では女性雇用の量的拡大への議論はあっても、女性雇用の量的拡大が、実は女性の再就職市場の労働の質の低下につながる、非正規化の深刻化という側面をもっているという議論は少ないように感じる。

　現在、日本の女性雇用は、通常の労働市場への参入時（採用時）にいわゆる「コース別雇用制度」によって排除・差別され、女性の特殊なライフイベントである出産・育児のためふたたび排除・差別され、そして再チャレンジとして再就職する際にも非正規化という労働の質的低下の問題でまた排除・差別されるのである。このように日本の女性雇用が一生にわたって男性雇用と比べほとんどすべての場面において排除・差別される今の仕組みには大きな問題があるように思える。果たして日本の女性雇用が男性雇用にこれだけ排除・差別されることには、正当な根拠と理由があるのだろうか。

日本の女性雇用における採用時の第1ラウンドと、再び労働市場に参入してくる再就職時の第2ラウンドにおける量的拡大の側面に加えて、特に労働の質的向上と雇用の強化をもたらす条件とは何なのだろうか。そのためには、まず制度（政策）と意識（文化）の両サイドからの総合的なアプローチが要求されると考えられる。

　制度（政策・法的措置など）の側面における条件については、いわゆる「男女雇用機会均等法」や、働き方の根本的な改革である「ワークライフバランス」の実現、そして男女の区別なく対等に参画可能な「男女平等参画社会」の実現などといった関連法的措置の実行と実際運用の強化などが考えられよう。またいわゆる「コース別雇用制度」による間接差別の側面の改善やパートタイム労働関連の法律の改善、企業での女性の活躍を推進するポジティブ・アクションの適用の強化なども以前から指摘されていることである。要は、男女関係なく、働くことに対する「評価の公正性」の確保が決定的な条件になるであろう。

　次に、意識や組織文化に関連する問題としては、何よりも上の世代や管理職世代における「偏見と固定観念」の発想転換が重要であるといえよう。つまり、上の世代や管理職世代というのはそのほとんどが男性・高齢世代であり、その世代が共有してきた固定観念と女性雇用への偏見に対する一種の意識改革が重要であるといえる。

　組織において責任をもち指示を下す立場にいる管理職層や多くの男性経営者がもつ、古くからある固定観念と偏見、硬直的思考、前例になっている慣習・慣行からの脱却が、強く求められている。

　日本の女性雇用における量的側面だけでなく、労働の質的問題の現実的な改善・改革に、制度と意識の両サイドから厳密にアプローチし、全体的な枠組みと仕組みにメスを入れることによって、初めて女性雇用の全体像が大きく変わっていく可能性について、企業も社会も、そして世の中のすべての男性労働者も、真摯に受け止める必要があると考えている。

　女性雇用の再就職に関しては、その量的拡大にのみ目が行って、女性労働

市場の回復という肯定的な評価を下すことが多いが、しかしその中身を見るとまったくその評価とは異なった、質的な雇用の悪化が懸念されていることに注意を払わなければならない。今まで大きく排除・差別されてきた日本の女性労働において、非正規化の拡大と深化につながる可能性の高い再就職を、量的拡大という側面をもって女性労働の改善であるかのように宣伝することは、問題の中身を正確に見ていない結果といえよう。今後、日本の女性労働市場における雇用の量的な増加や拡大といった量的側面への過剰評価に惑わされることなく、雇用問題の中心にある質の問題を的確に見極めることが何より重要であるといえよう。

29. 発想の転換―男女「平等性」適用社会から、男女「公正性」確保社会へ―

　今後の日本における女性労働のあり方を考える際に、女性労働のキャリア形成や男女共同参画社会、「ワークライフバランス」といった多様なレベルの最近の諸議論の流れのなかで、男女「平等」社会を目指すべきであるとの議論があるが、その根本的な考え方への疑問を指摘し、さらに思想的問題提起として、男女「公正」社会、あるいは男女「納得」社会という考え方を提案したい。

　仕事における雇用や労働のあり方に関しては、男女を「同じようにすればよい」という発想より、男女がその働き方（働かせ方）や職務の内容、処遇などが「公正的である」あるいは「納得する」水準であるという認識があればよいのではないかと思う。もちろん、男女が仕事をすることに、平等的発想をもつのが正しくないというつもりはまったくない。社会や組織の現場において非平等的な部分が存在するならば、ただちに平等な水準まで改める必要が当然あるであろう。しかし重要な論点は、何でも「同じようにする」、「平等に分かち合う」ことに焦点を当てすぎることによって、社会や組織における男女の対立的関係を作り出すことにもつながってしまうのは望ましくないであろう。言い換えれば、現実に男女がまったく平等的に扱われること

を目指して対立し争うより、男女がともに信頼関係を失わない水準と方向を目指して、一緒に悩みながらその答えを探し出す作業の方が、よっぽど望ましいのではないか。

　一般に組織における平等に関する議論では、「機会の平等」と「結果の平等」についての議論が多く見られる。しかし組織での平等には、それだけではなく「過程の平等」も大切である。「過程の平等」とは、雇用過程における様々な扱いのなか、賃金や昇進といった処遇的側面、ジョブ・ローテーションや体系的職務訓練といったキャリア形成に関する側面、労働法的側面、雇用保障的側面などすべてのレベルにおいて、男女という性別はもちろん、学歴、経歴、年齢、勤続年数などにおける平等的扱いをいう。つまりここで強調する「過程の平等」的状態とは、組織の「公正性」(Organizational Justice) あるいは「納得的」状況を表す概念であるといえよう。

　日本の女性労働問題を考える際には、その基本的な考え方として、「平等的・公平的 (equality)」発想よりは、むしろ「公正性 (justice)」あるいは「納得性 (consent)」概念のアプローチの重要性が指摘されよう。つまり男女「平等」社会を目指すのではなく、男女ともに制度・意識・慣行の多様な側面において、一定の「納得」可能な水準を確保するという、男女「公正性・納得性」確保社会へと進展することが望ましいと思われる。

　これまでの日本型雇用慣行は、伝統的に「公平性」を重視してきた一種の制度・慣行であると指摘されよう。つまり雇用における「公平性」の問題は、長期安定的雇用の保障、勤続年数に基づいた年功賃金・昇進制を前提に、内部労働市場での平等的なやり方として、例えば、組織全員を対象とする遅い昇進・選抜や継続的な教育訓練、体系的なジョブ・ローテーションなどの形で現れていた。しかし、この雇用の「公平性」の適用は、あくまでも男性正社員のみに限定されていたことはいうまでもない。したがって、女性労働・非正規労働に関しては、雇用における「公平性」の追求は難しく、むしろいままで差別・排除されてきた女性や非正規労働に対する「配慮」という観点から、雇用における「公正性」の追求がより必要になってきているといえよ

う。

　つまるところ、今日の日本社会の課題である、日本の働く女性の雇用問題の解決のために、「work to family」、「family to work」の発想はもちろん、女性のキャリア形成を考える際に、社会全体で、「work to school」、「school to work」的発想まで進展することを期待する。

　いま日本の企業社会に必要なのは、男性労働と女性労働との雇用における対立的発想をもたらす危険性のある、行き過ぎた「平等主義」的発想ではなく、制度においても意識のレベルにおいても、男性労働と女性労働が、そして働く人と働かない人が、正規職社員と非正規職社員などの雇用におけるあらゆる社会的レベルの間で、一定の「納得性」が確保される状態、つまり雇用における「公正性」の確保が必要ではないだろうか。

　一般的な考え方として日本の社会には、「平等性」を重んじる側面が色濃く残っているが、今後の日本社会が目指すべきところは、「公正性」であり、「納得性」であるように思える。特に男性正社員を守るための行き過ぎた「平等性」によりこれまで排除・差別されてきた日本の女性労働者が受け入れられる社会のルールを新しく作っていくためには、やはり「公正性」と「納得性」の確保に力を入れるべきではないだろうか。

5章

高齢者雇用と引退

30. 加齢（エイジング）と高齢者の役割変容への理解

　いわゆる社会化過程のなかの加齢（エイジング）の問題と引退との関係について少し考えてみたい。まず人間が経験する加齢や老いることによって生じる高齢者自身のライフスタイルの変容などを踏まえた上で、特にここでは職業生活とのかかわりのなかでの多様な変容という、社会的次元の変化について考えることにしたい。そして、高齢者が加齢とともに組織からはずされるという引退行動が高齢者個人や社会的レベルにおいてどのような意味をもち、どのような影響を及ぼしているのか、そしてそのプロセスをどのように受け止めればよいのかについて検討する。

　古老や長老という言葉がある。これは高齢者がもっている生活の知恵に敬意を払い、社会の指導者として敬う気持ちが込められた言葉である。儒教の国・韓国社会のみならず伝統的な地域社会では、高齢者とはそのような存在であったといえよう。何か困難な事態が起きたとき、高齢者が蓄えている知恵は貴重で、その困難を乗り越えるためには欠かすことのできないものであったであろう。

　しかし、もはや時代は古老や長老の生活の知恵や指導力をあまり必要としなくなったといえる。むしろ、高齢者のもつ知恵は時代遅れで、あまり価値のないものとみなされるようになった。

　人間が年をとって生活能力が衰退するのはある意味自然の法則であるが、労働経済学的に見れば、労働力の衰退につれて、労働力の販売が不可能にな

る、あるいはたとえ可能であっても従来よりも低価格で販売しなければならず、生活の継続が困難化するところに、問題をはらむのであろう。つまり、人間を労働力という側面から見た場合、高齢者（老人）は衰退した労働力とみなされるのである。

　そしてエイジングという言葉は、「年をとること」ならびにそれにともなって生じる諸変化を意味する。さらに、エイジングは個人において老化や加齢という一種の連続性を示す表現でもある。そして人間は老いることによって、個体的な変化とともに、社会的な諸変化、すなわち社会的エイジングを経験することになる。「社会的エイジング」とは、家族、友人、職業、政治組織などとのかかわりで、社会構造上の個人の役割や関係において変化が生じることを意味する。高齢者における社会的エイジングの問題は、生涯を通じて職業生活を過ごすなかで、特に就業や雇用との関連で、社会的位置づけや役割の移行に際して葛藤現象が生じてくることといえよう。

　高齢になるにつれ、高齢者はそのライフサイクルの変化により子供の独立や結婚、親、友人および配偶者の死など様々な人間関係の変化を経験し、従来自分がもっていた役割や社会的地位などに大きな揺らぎを感じるようになる。また、定年退職による労働の場からの引退により、職場を失うばかりではなく、それまでの社会的地位や役割、そして収入まで失い、さらに身体的な衰えが社会活動および経済活動を縮小させることとなる。

　高齢にともなうこのような生活や役割の変化は、その生活に適応する意欲までも失わせる可能性があるため、職場での継続雇用や積極的な社会参加および生きがい活動が重要な社会的課題として台頭することとなった。また、現代社会におけるほとんどの行動様式は年齢に規定されているといってよいであろう。そして、この規定された年齢によって役割も規定されるのである。人々の行動や役割が年齢に規定されるということは、より年齢にふさわしいとされる役割に移行すること、あるいは社会的に移行させられることを多くの場合期待されているということを意味する。したがって、中高年期において社会的に期待あるいは規定された役割への移行に適応しなければならない

ということになる。事実、60歳前後の「定年」という法的規定によって、職業人としての既存の役割を奪われてしまうという現状における役割移行への適応・不適応の葛藤が生じてくる。つまり、定年退職は、高齢者にとって役割移行のきっかけになるような人生の重要な出来事（ライフイベント）として、ある種の意識や行動を強制するのである。

　高齢者が強要される役割移行は、特に年齢を理由として就業や雇用における不利な結果となって現れている。高齢者が直面する不利な就業は、失業・潜在的失業という問題と切り離せないのである。高齢という不可避的な個人の属性を理由に、定年退職として失業状態を強いられ、再就業できても価値の低い労働力として扱われる。しかも高齢という属性ゆえに不利な扱いを受けることは、エイジズム（高齢者差別）にほかならないと主張する論理も聞こえる。

　職業の引退をきっかけにしたこのような「経済的喪失」は、個人のライフステージを大きく変え、心理的・情緒的衝撃のみならず、家族へも影響を与え人生にとって決定的な危機的場面を招くことになる。今の高齢者の引退問題にとって、個人のあらゆる役割関係が根本的に血縁および家族関係に置かれていた前近代・伝統社会の老人集団の区分は大きな意味をもたない。産業化・近代化による社会文化的諸変化によって、現代社会においては老年層あるいは老人という年齢集団が次第に前近代・伝統社会とは異なる形で区分され、他の年齢層の社会からはずされる現象が、老人に挫折と悲哀を与えてきた。引退により、無能力、孤立、貧困といった状況が生じ、老人として生きている人間的苦痛がより深化していくことになる。

　どのような職業であれ、その職業が規定する公式・非公式な引退は、個人が今までやってきた地位と役割の喪失を意味するばかりでなく、新しい役割関係をかれらに付与する。そして、新しい役割関係の性格・内容とは無関係に、引退は家族生活に多様な問題を起こす。

　引退が、生涯を通じた一連の通過儀礼の1つのイベントとして認識され、引退後の新しい役割への適応が順調に行われるのであれば、老人の引退は別

に大きな問題ではない。しかし、産業化の進展とともに制度化される引退の過程は、強制的退職という意味をもっているので、老後の経済的保障制度が充実されない限り、不安と緊張をもたらす事件になりかねない。実際多くの高年齢者層は、高齢者労働市場の中心的労働者の利益に偏った政策のために、引退によって雇用不安、失業、社会保険などの面で、不利な状態に置かれやすい。しかも、引退所得の分配の基準が正規労働を中心とする現役時代の労働経歴に依存するということは、これらの非正規などの周辺労働力においては、現代の引退所得政策によって、構造的に再び差別される悪循環の側面をもっているといえよう。

　超高齢社会ニッポンにおいてエイジングと引退との関係を考えるということは、今後の社会編成や変動と関連する大変重要な中心テーマであり、日本社会の将来の展望について考えることになる。にもかかわらず、いまだに他人事のように心配や危機感を覚えない若者世代が多く存在し、しかも政治サイドにおける空虚な議論ばかりが世の中に出てくる現状をどう理解すべきであろう。後期高齢者医療制度の失敗や定年制の見直しについてのでたらめな政策、そして年齢によって判断しようとするいい加減な発想があるのみである。日本の社会が本当の意味で豊かになるためには、まずはエイジングの概念をしっかり理解した上で、彼（彼女）らのこころの変化や意図をも理解する必要があろう。それを妨げてしまうと、年齢によって判断しようとするような過ちを再び起こしてしまうおそれがある。

31. 引退と（日本的）隠居の関係——日本と韓国との比較を中心に——

　おそらく定年による引退が社会問題化してきたのは高度成長期以後のことであろう。近代化の過程で一般化してきた「定年—引退」という身の処しかたの原型は、「家督委譲—隠居」という近代以前のそれに求めることができる。家業や家産の生前譲渡を内容とする隠居慣行は、本格的には15世紀の初期、武家社会に生まれ、近世に入って町人や農民の間に浸透していったと

いわれる。しかし、定年引退と隠居とでは、そのもつ意味は大きく異なる。定年は年齢を理由に失職すること、現役からの引退を意味するのに対して、隠居は定年を「自発的」に招き寄せることを意味したからである。隠居は基本的には物理的時間よりも心理的時間によって、つまり自分の内なる年齢の呼び声に応じて、その時がきたと判断したときに当事者が自分で決めることだったのである。

　隠居とは、高齢になった家長がその地位や財産を後継者に譲渡し、公的な生活活動から引退する慣習である。高齢者をめぐる社会的地位や役割の変化について、この隠居の慣行から今日の引退の姿を再認識することができよう。

　韓国社会での老人の姿は、日本のそれとはまた異なる。韓国では、イエや共同体の維持・繁栄のために高齢者が後継者に自分の家長権をはじめ、すべての権利を一挙に生前譲渡する隠居慣行は存在しない。日本の場合、隠居という形態が確実に存在し、しかも広く慣行として存在してきた。日常生活でも隠居という言葉をよく使う。しかし、韓国社会には隠居という言葉が存在しないし、そのような習慣も存在しないのである。

　ただ、日本の隠居制度の特徴である、家長の権限の譲渡という点に注目すれば、韓国の「アンバンムリム」（安房譲り）という慣習と似ている。しかし、韓国の「アンバンムリム」は、長男が婚姻した後、親と同居した後に行われるもので、分家する次男以下の子供とは関係なく、特に親と一生同居する長男に限られた問題であることに注意しなければならない。

　例えば、韓国社会において家長の地位（家長権）や主婦の地位（主婦権）は生前譲渡の形で継承され、その譲渡時期は大別して譲る側の家長や主婦が基準になる場合と、継承者が基準になる場合とに分かれる。前者は、一般的に60歳の還甲（＝還暦）の前後に、後者は、継承者が結婚し初子が生まれ初等学校（＝小学校）へ進学するときに譲られる。韓国における家長権や主婦権の譲渡は、日本の隠居制度とは違って、特定の儀礼を境にすべての権利を譲り渡すものではなく、漸次的に行われるという特徴がある。日本における家長権の継承はあくまでも、イエ（家）の繁栄（家産の維持・繁栄）が焦点となる

のに対して、韓国の家長権の継承において焦点になるのは、家（韓国語で「チプ」）の繁栄ではなく、年老いた両親を日常的労働から解放して楽にさせることにある。そのため韓国では、日本の隠居制度のようなはっきりした形は見られないものの、父と子・姑と嫁の位階関係は生涯を通じて維持される。親が年をとれば日常的負担をできるだけ軽減し安楽な生活を保障することが息子と嫁の義務とみなされる。そのため、両親が年をとると、実質的には家長の役割や主婦の役割は同居する息子と嫁に引き継がれるが、その権威はあくまでも親に維持されるのである。

つまり、日本社会のような家業や家産、家督のすべての「生前譲渡」を内容とする隠居慣行の存在は韓国にはなく、家長権や主婦権の継承は生前譲渡であっても、チプの継承でもっとも中心をなす祭祀権の継承はあくまでも「死後譲渡」（死後継承）である。

したがって、日本の「隠居制度」と韓国の「アンバンムリム」（安房譲り）慣習とは多くの点で異なる。それは、まず日本では、家や共同体の利益や繁栄のために家長権を生前に譲るという隠居慣行が存在するが、韓国では、家や共同体の利益や繁栄のために家長権を譲るという習慣はなく、あくまでも高齢になった自分の親を楽にさせるという、いわゆる「孝」の一形態として存在する。次に、日本の隠居慣行は、家のレベルを超え、村や社会的レベルにまで広く適用されたのに対して、韓国のそれは、あくまでも一家族レベル、しかも自分の親に対する個人レベルの孝行の形として存在する。また、日本の隠居慣行においては、生前譲渡で、しかもすべての権利を譲渡するのに対して、韓国では、家長権と主婦権は生前譲渡であるものの、もっとも重視される祭祀権はあくまでも死後譲渡であり、しかもすべての権利を一挙に譲るのではなく、漸進的に譲ることである。そして、権利を譲った後も死ぬまでその権威はもち続けるのである。

つまるところ、韓国で隠居慣行の伝統が存在しないということは、言い換えれば、韓国の老人は家族や社会からあくまでも老人であることだけで尊敬と孝の対象になることを意味する。これは日本と韓国のイエ制度や文化の違

いと関連する。いずれにせよ、韓国では歴史的に隠居の習慣がないため、社会的尊敬の絶対的対象であった高齢者世代にとっては、産業化の随伴的結果である引退という形で排除されてしまう場面に置かれるということは、自分が一生を通じて蓄積してきたすべてを失い精神的・情緒的衝撃を受ける人生最大の事件である。しかも、今の高齢者世代は韓国の高度経済成長期の主役であったため、それに対する誇りや自尊心が高く、相変わらず前近代的価値観にしばられている世代であるため、今の若者世代との価値観の世代間断絶（generation gap）または、世代間葛藤（intergenerational conflict）が顕著化している。また、今の高齢者世代は、1997年に発生した経済危機により今まで蓄積してきたわずかな財産まで失った不幸な世代でもあって、定年引退後の再雇用や継続雇用にともなう不安定性の増加と世代間価値観の葛藤による老後の不安、あるいはいまだに成熟していない公的年金制度に対する不安など、まさしく韓国社会独特の「伝統性」と「近代性」のはざまに生起したこの世代特有の転換期におかれているといえよう。

近年、韓国における老人の自殺率が増加傾向にあることも、日本の社会と違って、韓国には隠居という慣習が存在しないことと深く関係しているのかもしれない。

32. 日本における高齢者雇用問題への接近―新たな課題と議論―

今の日本における高齢者雇用問題に関して、多く議論されている論点を2点ほど紹介しよう。それは、雇用延長制度と再雇用制度である。以下においては、この異なった思想を背景とする2つの制度についてその中身に接近してみることにしたい。

従来のいわゆる「定年制」思想の見直しとして登場したのが、再雇用制度と雇用延長制度であるが、この2つの中身はやや異なる。そして何より重要なことは、高齢者自身にとってどのような施策がより快適で有効であるのかであろう。例えば、雇用延長制度とは、現在設けられている定年年齢（例え

ば、60歳）をより柔軟に設定することによって、もう少し長くそのまま職場にとどまらせるということを意味する。そして再雇用制度とは、いったん定年年齢に達した人には定年という形をとり、また新たな契約という形で雇用を再スタートさせることを意味する。しかし、この2つとも完全な制度とはいえず、そこで働く高齢者自身の気持ちややる気（モチベーション）などはあまり関係なく、とりあえず長く働かせればよいという、あまりにも単純な発想から生まれた制度といってよいであろう。またそれだけではなく、今の日本の社会にはいろいろな不安要素が隠されているように思える。少し考えてみよう。

　まず、「歳（トシ）」とは何かについてもう少し真剣に考えてもよいような気がする。例えば、少し前に日本の政府の施策の1つとして耳にした前期高齢者医療制度の話があり、その失敗の経験から高齢者のことをもう少し考え直してみることを提案したい。何といっても昨今の議論は、どうも「歳」を基準とする発想であって、本当の意味での高齢者側に立った議論ではないような気がする。「歳」は「数字」に過ぎないという表現もあるように、歳を基準にした発想はあまりにも単純過ぎるのではないだろうか。そして最近、偶然見かけた電車内のポスターに書かれた言葉が少し間違っているような気がしなくもないのであった。それは、「65歳まで〜実現しましょう」という文句だったが、この表現がよいか悪いかは別にして、そもそも発想自体が「正しい」のかという議論がありうる。単なる数字であるはずの65歳を掲げて、実現の目標とするのは、果たして正しい発想なのかどうか依然として疑問が残る。

　また、高齢者の「引退」とは何かを考えるとき、「社会的引退」という面での「経験（歴史性・時間性）と知恵（総体的技能・知識）」の社会的「継承」の大切さを忘れてはいけないであろう。彼（彼女）らがもつ大切なことを次の世代にうまく継承するためには多様な準備と心構えが必要になるであろう。歴史や人間から直接学べることの大切さと凄さにより高い関心を注ぎながら彼らの経験と知識を大切にすることが、今後の日本の危機的状況を救う決定

的な鍵になる可能性について正確に認識することが求められる。

　また、本節の最初に問題提起した2つの制度（再雇用・雇用延長）とモチベーション（働きがい・責任と賃金）の関係についても、正確に理解する必要があるように思える。つまり、制度自体の比較も重要な論点ではあるが、その意味合いはもちろん、それとの関連で実際に働く高齢者の気持ち（生きがい）はどうなのかについての深い観察も必要であろう。例えば、再雇用と雇用延長制度によってより長く働くことが可能になったとはいえ、昨日まで一緒に働いていた同僚や部下たちとの関係性に悩まされたり、働く行為だけではなく指示を出したり受けたりする責任と権限との関係性にも悩まされる高齢者雇用が多いと報告されている。つまり、人というものはただ長く働いて給料をもらえるだけで喜ぶ単純な動物ではなく、働くことに自分の強い意思と情熱、働きがいや生きがいを感じるのでなければ、長く働く意味はどこにあるのであろうと思う。そこで、筆者が考えた高齢者雇用における雇用制度の見直しとモチベーションとの関係を考えた秘策を紹介しよう。

　基本的に、高齢者雇用に関しては、あくまでも、大きな負担が生じる民間サイドでなく、政府サイドにおいて多様な施策を作り出すことが望ましいと考える。例えば、「高齢者適合職種」の開拓・発見・創造に全力を尽くすことが何より重要な施策になるであろう。次に、いったん定年を迎えた高齢者は、原則として、元の職場（現行の職場）には配置しないことも大変重要であるように思える。なぜなら、元の職場には昨日まで自分の指示を受けていた部下が大勢いるわけで、逆転したお互いの立場を正確に理解し、一緒にうまく働くことが大変困難であるように思えるからである。そして、最終的には、おおむね、派遣の形と似たように職種、企業規模、民間・公共機関など関係なく、お互いに幅広く（マクロ的に）人材に関する情報交換をすることで、元の職場ではないが、今までの経験と知識を活かせるどこかの職場に配置させることである。そうすることで彼ら自身も新鮮に感じながら、新しい仕事に適応しようとするモチベーションが湧いてくる可能性が高いと判断されるのである。

また、(定年)延長を想定するのであれば、だいたい5年程度であろうが、この期間中は自由に行ったり来たりできるようにして、職場市場を基本的には、オープンにすることである。すなわち、配置された職場に5年居続けてもよいし、他の職場への再転職も可能、また本人と元の職場との意見交換(調整)後、元の職場への再移動も可能にする。そして定年の4～5年くらいの前から転職（雇用延長・再雇用をも含む）に対する情報を含むキャリア・デザインの機会と試みを配慮することも重要であるように思える。そして最後に重要な論点は、実際、仕事をこなす際には、なるべく若年社員と高齢者とが一つのチームを組んで働く体制を整えることである。そうすることによって、自然に役割分担が可能となり、彼らがもつ貴重な経験やノウハウなどをそのまま若い人に継承していくことが期待できるからである。

　高齢者雇用を考える際に重要な論点は、ただ長く働けばよいのではなく、あくまでもその高齢者自身にふさわしい労働の仕方を考慮した働き方を考えることであろう。一生の経験と知恵をその次の世代にまでそのまま継承できることが望ましい。それができなければ高齢者雇用における雇用の延長および再雇用制度はその場しのぎの政策に過ぎない。日本にとって社会的に意味のある高齢者雇用のあり方を考えることが今何より重要な課題であるといえよう。

第 II 部

不思議な国・ニッポンの「雇用と経営」を考える

6章

日本的経営と企業のグローバル化

33.「企業の社会的責任（CSR）」再考

　今のように世界経済が低迷するなか、新規採用を含め雇用（採用）創出に協力しない、つまり自分だけよければよいという身勝手な態度を取り続ける企業に対し、誰がためらうことなく「石を投げる」（＝非難する）ことができるであろうか。「企業の社会的責任（CSR）」とは何であり、どうあるべきなのか。（資本主義）企業に企業本来の目的（従来の経済学によれば、利潤の追求。ドラッカーによれば、顧客の創造）以外に「企業の社会的責任（CSR）」を求めるべきであろうか。

　これは、さほど単純な問いではないはずである。市民や社会が企業に対して一定の期待をもつこと自体が間違っているとは思えないからである。しかし論点を拡大させれば、役割に対して期待することと、企業である以上は社会や市民に対して一定の責任を果たすべきであると責めることとは少し論点が異なるのではないかと思われる。社会への役割に対して期待したり、責任を果たすようプレッシャーをかけたりすることに注意を払わなければならないのではないかと考える。それは、勝手に期待するのはよいとしても、その結果に対する責任は誰が負うのであろう。例えばの話ではあるが、社会からの期待に無理に応えようとして、経営が悪化した場合、誰がその赤字やリスクを補ってくれるのだろうか。つまり企業が社会に果たすべき責任のレベルと範囲を決めるのは企業自身でなければならず、それに対する結果的な責任を負うのもその企業自身でなければならないだろう。

企業は、自社がもつ能力や自ら設定した経営戦略に照らして、社会に対して果たすべき責任や期待に応えるあらゆる活動を行うことが望ましいのであって、そのレベルと範囲を社会や市民が勝手に決めることは望ましくないように思える。一般の企業は生き残るために必死で頑張らなければならないであろうし、特に今の時代のようにグローバル化の進展によって展開されるビジネスの世界は、戦争を思わせるような厳しいものがあるだろう。このような時代の基本的な認識を前提とするならば、企業に余計な無理を期待するのは避けるべきであり、企業自身も社会的なブームに乗って余計な見せかけの事業を安易に設定することはやめた方がよいと警告したい。

　もう一度、企業とは何か、企業に求められるものとは何か、そして社会や市民に対する企業の責任のレベルと範囲はどのようなものでなければならないのか、について考えなければならない。あらゆるリスクを背負いながら事業を展開させ、得られた利潤の一部を次期の事業のために上手に使わなければならない現実的な厳しさを理解するならば、今のようなブームとしての社会的責任論争の激化は多少非合理な議論になってしまう可能性もあるということを指摘したい。この企業の責任論争をより合理的な議論にするために行うべきことは山ほどあるが、まずは、CSR（Corporate Social Responsibility）とは何かについてから始めなければならないであろう。CSR のあり方についての深い理解と分析なしに、響きのよい無理な押し付けの CSR で企業を苦しめることが果たしてよいのか、または CSR のブーム的展開によって現れるはずの社会と企業との硬直な関係性について誰がどこまで責任を負えるのか、何のため、誰のための CSR なのかについてのより厳密な議論が必要ではないだろうか。

　つまり、CSR とは、何に対する責任なのか、一昔前の CS（Customer Satisfaction）運動という顧客に対する考え方とは、どこがどのように異なるのか、責任の範囲はどこまでなのか、そして社会（市民）に対する責任とは何をすることなのか、果たして今の CSR の方向性が正しいのであろうか、それは企業が真の意味で果たすべき（求めるべき）責任なのか？　もしそうだ

とすれば、その「根拠」はどこにあるのかなどについて幅広くより厳密な議論を重ねてから、どうするべきかを決めても決して遅くないはずである。

　社会のなかの一員である企業がちゃんとした経営を行っているかどうかへのモニタリング機能は当然必要であろうが、企業本来の事業や自社の経営戦略に見合った事業戦略としてのCSRでなければ何の意味があるだろうか。企業は社会のなかでしっかりと企業活動を行う以外に果たすべき責任があるのだろうか。まずは企業としてしっかり自らの事業を展開することこそが立派なCSRなのではないだろうかと思う。それを抜きにしたCSRは、企業にとっては過度な負担であり、余計な期待であり、無責任な押し付けであると思える。今ここでもう一度CSRに対する考え方や方向性について再考する必要があるだろう。

　CSRとは、企業を取り巻くすべての利害関係者を満足させるために強要される責任ではなく、個別企業が自ら設定した経営的目的に照らして行うべき多様な事業展開のなかで協調・共有すべき価値のことである。協調・共有すべき価値は多様であり、企業ごとに異なったものでなければおかしい。CSRとは、市民や社会に対し何かやらなければならないという強要される責任ではなく、市民や社会のために私たちの企業ができること、わが社にしかできないことは何なのかをしっかり認識することであり、そして特に社会や市民と共有すべき価値を一緒に生み出すプロセスなのである。CSRおよび企業そのものへの理解を正しくすることによって、企業の繁栄とCSRの実現が可能になるのではないか。私たちの社会のなかに、きちんと企業そのものが存在することが先であり、企業の犠牲の上にCSRだけが飛び出すことは決して望ましくないであろう。つまり、企業あってのCSRでなければならないということである。主役はあくまでも企業であり、企業の目的が達成されること、そしてその企業の成長と発展の随伴的結果としてのCSRでなければならない。CSRへの期待と強調にはいろんな根拠と心配の歴史がその背景に存在するだろうが、だからといって企業の犠牲や苦しみを担保にCSRを推進しても虚しいのではなかろうか。今の日本社会では、どの企業

にどのようなCSRが存在するのかを調べる前に、CSRへの正しい理解が求められよう。

34. 企業に道徳（モラル）はあるか

　経済学において、（資本主義）企業の存在目的は、消費者（人類）によりよいものをより安い（適切な）価格で提供することによって、結果としての利益（利潤）を追求することにある。だとすると、企業を持続的な生き物（going-concern）として考える場合、その存在自体（倒産せず健全な状態にあること）がもうすでに消費者（社会）に対する貢献を果たしていることになるのではないかと考えるわけである。

　言い換えれば、もし企業に余計な道徳（モラル）を要求した結果、その企業が倒産に至った場合、その時点で企業ではなくなるので、企業の存在目的としての意味もなくなる（果たせなくなる）ことになる。これは人類にとってもっとも望ましくない結果であるといえる。したがって、企業というものは勝ち残るためにあらゆるリスクと戦いながら事業を展開するものであって、多くの企業は慈善事業を行うために活動しているものでは決してないはずである。厳しい世界的舞台において、企業生命を賭けた戦いのなか様々な困難を乗り切った企業だけが残り、真の意味での社会に対する貢献をする資格をもつことになるのである。

　つまるところ、企業には過度なモラルなどは必要ないと考える。企業にモラルとしての社会的貢献などを求めるべきではないのである。企業として存在するだけで、すでに社会にとって十分に貢献していることになる。しかしながら、一見矛盾に見えるかもしれないが、その企業を運営（管理）する人間である経営者には、高いレベルの道徳（倫理感）を求めるべきであろう。なぜなら、もし不道徳な人間（経営者）によって運営される企業があるとすれば、それは人類（消費者）にとって非常に危ないことも予想されるからである。企業における不祥事の多くは、企業の存在目的が間違っていたために

起こることではなく、あくまでもそれを誤って（そのほとんどは人間の限りない欲望によって）運営した不徳な経営者のせいであるのだ。

　そして最近、流行であるCSR（企業の社会的責任）的発想が企業と企業人とを区分しないまま推進されてきたことによって、その本来の思想が非常に曖昧になってきている可能性が高いのではないか。なぜなら、あくまでも企業におけるCSR活動は、経営戦略としての発想であって、昨今盛んにいわれているような社会に対する強制された責任行為ではないと考えるからである。企業には、「顧客の創造」という企業本来の存在意味での貢献以外に発揮しなければならない社会的貢献行為はないのである。したがって、今のCSRの方向性には根本的な誤りがあるように思える。企業そのものに対する社会的責任を問うのではなく、あくまでも責任を求めるならば、企業をコントロールする経営者（管理者）に求めるべきであろう。

　そしてモラルといっても様々なレベルが存在すると思う。例えば、一般の人と一国の大統領や大組織のリーダーのような人との間に求められる（期待される）モラルの質はおそらく違うだろう。したがって、ひとくちに企業といっても私たち市民（消費者）に及ぼす影響の大きさによって、経営者に求められるモラルの質は大分違うものになるだろう。私たちの街にある小さな果物屋さんとトヨタやソニーのような世界的企業では、求められる期待やモラルのレベルが違うのは当然である。

　企業そのものに求められる責任というのは、あくまでもその企業の製品（サービス）を生産（販売）するために行われるあらゆる経営活動（行動）・製品（サービス）それ自体にしかない。製品そのものに対しての責任は、PL（Product Liability）という法的発想を通じて確認すべきであり、経営活動に対する責任は、「結果である利潤」として一般には反映されてくるはずである。また、その企業がもし何らかの形でその企業の活動（行動）に間違い（問題）や隠し（不正）などがあるまま成長し続けてきたならば、一般的なプロセスとしては、資本主義における株式市場での「上場リスク」として必ず市場（社会）において一定の責任を追及されるであろう。そして、その企業組織内部での何ら

6章　日本的経営と企業のグローバル化　　89

かの問題（例えば、強制搾取や児童労働など）についても、労働組合や市民団体、社外理事（会）などによって（最終的には株主によって）、その果たすべき役割が十分問われることになるであろう。

　企業そのものと企業人（経営陣）の違いを理解すること、求めるべき内容とその対象の違いを理解することが大切であるように思える。繰り返しになるが、企業自体そのものは道徳などもたないだろうし、求めるべきでもないのである。道徳を求めるなら、起業する経営者に求めるべきである。起業する理由と目的、目標に道徳があったかどうかを追及すること、その後の態度や行動に道徳があり続けているかどうかを確認し続けるべきであろう。そこには許されがたい厳しい基準があって当然であろうし、決して途中で変わったり変えたりしない確固とした基準と方針を追求し続けるべきであろう。

35. Sustainable (Enterprise) VS Going-Concern

　企業（会社）は、生きて動いている有機体として生成した以上、継続して維持・発展しなければならぬ運命の存在（ゴーイング・コンサーン）である。企業の目的自体が、まさしく永続することであり、持続可能（サステイナブル）、永続企業（ゴーイング・コンサーン）を意味するものであることを忘れてはいけない。

　企業とは、事業を起こした（起業、創業）以上、当然ながら最初から永続するものとみなされる。企業が維持・発展せず、いわゆる倒産してしまうような状態になるのであれば、その時点でその企業（会社）は、もう企業でなくなることを意味する。言い換えれば、倒産した企業は、一応形としては企業ではあるが、企業としての存在目的（意義・価値）を果たせない以上、もはや企業ではないと見るのが正しいであろう。それは、回復の見込みのない植物状態になってしまった人間と同じで、植物人間も一応人間ではあるが、決して誰も彼に対して一般に求めるような役割など期待できないのではないか。倒産した企業もまったく同じである。したがって、企業と呼ばれる以上、当

然ながらその大前提は、持続可能（サステイナブル）、永続企業（ゴーイング・コンサーン）であることになる。

　企業が企業として存在すること自体がもう私たち市民（消費者）にとっては、一定の価値を果たしていると見なければならない。つまり、倒産しないで健全に存在しているだけで、社会にとって一定レベルの果たすべき責任を果たしているとみなすべきであろう。

　近年の「サステイナブル」の発想には、元々ヴェブレン（Veblen）のいう「ゴーイング・コンサーン」的考え方が根底にあり、その基礎となる発想自体にはさほど違いがないはずである。しかしながら、企業組織の継続性に関するこの２つの概念に違いがあるとすれば、それは「サステイナビリティ」の発想では、継続性という目的を達成するための方法論が問われているのに対し、ヴェブレンのいう「ゴーイング・コンサーン」的発想では、最初の設定において継続性を強調していた点であろう。つまり、前者は「方法論」を強調する発想であり、後者は「そもそも論」を強調する発想であるといえよう。方法論とそもそも論の違いなどについては、別の機会に譲ることにし、ここではあくまでもこの企業組織を理解するための重要な異なった２つの概念を中心に議論を進めたい。

　まず２つの概念には、共通点と相違点が存在する。企業組織の目指すべき目的として想定するものには共通の部分があるが、出発点や強調するところに違いがあるといえよう。

　重要なのは、この異なった２つの概念の融合ともいうべき作業であろう。つまり、企業組織に対する運営（管理）には、元々継続性という「ゴーイング・コンサーン」的考え方が根底に存在し、その基礎の上に、今後目指すべき方向性という観点から近年強調される「サステイナブル」の発想が期待されていると考えた方がよいのではないか。

　今から100年ほど前に展開されたアメリカの経済学界の異端児ヴェブレンのいう「ゴーイング・コンサーン」的発想が、およそ100年後の今の時代に反映され新しい概念として提案されているのが、「サステイナブル」の発想

であるといえよう。

いずれにせよ、企業組織とは、この2つの概念を貫いている「持続性・継続性」によって成り立つものである。企業組織の存在価値およびその中心的方向性は、健全な存在、つまり維持・発展・成長・進化にあることを忘れてはいけない。

企業組織にとっては、持続性・継続性（Going-Concern）という中心的な概念を理解しながら、企業組織の今後の方向性として持続可能な（Sustainable）発展をするための多様な側面（方法論）を理解し、展開することが重要であるように思える。そのような意味で、Going-ConcernとSustainableの融合を成功させることが、本来求められる企業の存在目的を達成する唯一の道であるように感じる。

36. 今の時代、ニッポン社会に求められるグローバル人材とは何か

本来、人材マネジメント（人的資源開発、および人的資源管理）とは、企業経営活動のなかで、ヒト（働く人・従業員）に対する指示（命令）・統制（コントロール）・育成・管理をすることをいう。会社や組織内での個人（従業員）の職務や能力などに関する事柄を管轄・運営することで、「人事管理（Personnel Management）」、または「人事労務管理（Personnel and Labour Management）」という言葉が広く使われてきている。

一方、近年「人的資源管理（Human Resource Management）」という言葉も欧米を中心に広く普及している。人的資源とは、「すぐれた研究者や熟練した労働者がもつ能力の（経済的）価値を、他の物的資源と同じように生産（経営）資源の1つとみなしている」という意味である。つまり、人間に投資をすることによって、人間の能力が向上し、本人（個人）は所得が増え、企業は生産性が高まり、地域や国の経済成長に貢献するという「人的資本（Human Capital）」の考え方がその背景にある。

通常、「人的資源管理」の範囲は、人材のリクルート、採用、移動（異動）、

配置転換、昇進（昇格）、評価（人事考課）、研修・訓練（人材育成）、能力開発（キャリア・デザイン）、賃金・賞与管理、福利厚生、労働時間・休暇制度運営、組織変革、モチベーション管理、労働組合活動、職務・就業規則管理、労働協約、労使交渉、退職・転勤、解雇等など実に多岐にわたっている。

そして、海外（国際）人材マネジメント（Overseas or, Global Human Resource Management）には、上記で示したような通常の範囲以外に、海外派遣社員およびその家族の福利厚生や健康・精神衛生管理、セキュリティ管理、子女教育問題、現地化や帰国支援と管理などが含まれ、近年は、さらにそれらに加え、セクハラ（Sexual Harassment）対策および管理問題、テロ・局地戦を含む要員（出張者や本社からの派遣勤務社員）管理などのリスクマネジメントの問題も含まれる。

特に近年、企業活動の国際的展開のなか、社員（派遣や出向の従業員）が、海外における事業展開を行う過程で、事件・事故を含む業務への悪影響を及ぼすような問題に巻き込まれないようにする対策（リスクマネジメント）の重要性が増している。日本企業の国際化によって、海外派遣社員の身を守るためのリスクマネジメントや危機管理対策の重要性が増してきているのだ。

派遣されて仕事を遂行する社員にとっては、グローバル化の進展、不確実性の増加、現地化への要請、異文化・異なった価値観との葛藤を抱えながら、任された（期待された）職務に専念し、結果（パフォーマンス）を出さなければならない立場に置かれていることに対する正しい現状認識が必要になってきているのである。「自分の身は自分で守る」という自己防衛（Self Defense）の認識を含め、リスクマネジメントを理解することが求められている。

今の時代、例えば企業がテロ攻撃や伝染病感染などの危険性が高い環境で仕事をする場合、当然ながらテロ・局地戦や伝染病に対処する方針やルールなどを事前に策定しておく必要がある。もし本社からの指令で現地（子会社）法人を支援するという体制であれば、どの程度まで、また誰が責任をもって行うべきかなどを含む時間的・金銭的対策をも考えなければならない。また要員（幹部）やその家族などの誘拐事件や事故などから、解放するために必

要となる身代金の支払い方法や限度額なども設定しておく必要がある。そしてそれ以降、とるべき法的措置や責任判断、他の従業員や協力企業との関係性に配慮しながら自分（自社）流に独自に設定したルールに従って冷静に対応する必要がある。

　例えば、本社と子会社、あるいは協力企業との企業間責任の問題が発生した場合、所有権や経営権にも影響を及ぼす可能性があり、場合によっては従業員同士の結束と協調、業務委託やアウトソーシング、他の企業との連携、代理店や支店の統合や閉鎖・業務縮小などの対応も考えられる。

　また近年、現地での採用による現地社員の教育訓練（OJT）・研修（Off-JT）などの実施のための、コミュニケーション（英語などの現地語の習得）能力の向上の必要性も出てきている。そして現地人と本社からの派遣社員との間のコミュニケーションはもちろん、文化的葛藤の可能性やセクハラ・パワハラ問題の可能性も常に存在する。そのための対策として、事前シミュレーションによる基本的ルールの共有、危機管理への事前教育、情報の公開と共有、コミュニケーション・チャンネルの設置、調整可能な体制づくり、マニュアルの作成、関連企業との協力体制づくり、専属弁護士との協力体制づくり、危機管理対応チームの編成、現地専門家の協力と交流なども重要であろう。

　本社からの派遣社員（幹部）と現地採用社員との定期的な情報交換の体系化・定型化・構造化（飲みニケーションも含む）、現地要員（リーダー）との対話と意見交換の場づくり、現地人との長期的観点からの付き合いと人脈づくり、現地文化や制度・法律の勉強と理解のための工夫・努力はもちろん、昨今は寄付などを通した現地社会への積極的な役割発信と責任の明確化、説明責任の徹底、情報公開、技術やノウハウの積極的な移転、広告戦略を含む企業イメージの持続的向上のための多様な社会的活動も大変重要であるといえる。

　また、単純な異文化への理解を超え、正確な社会的・時代的要請（認識）の把握によって、より根本的には「組織内公正性」（Organizational Justice）の確保、POS（Perceived Organizational Supports）や LMX（Leader Members Exchange）の適用、その「社会的正義」（Social Justice）の理解、現地社員や派遣

リーダーの高い道徳性・倫理性の確保、高潔な品性と感性を磨きながら人間的魅力の溢れるリーダーシップを発揮できることなどが望まれる。

そして、何よりもこれまで多くの日本企業が固守してきた組織での日本的やり方（ガラパゴス化）や日本的経営スタイルにこだわることなく、より洗練された経営管理スタイル（ハイブリッド化）を適用できる柔軟性（適応戦略）をもつことが期待される。以前テレビで見た番組で、中国に転勤してきたある韓国企業の幹部が家族連れで赴任してきてすぐに自分の子供を現地の友達づくりや中国語の勉強のために現地の学校に転入させていたのに対し、日本の企業から来た幹部社員は単身赴任で赴任し、着いた日から日本の本社に戻るまでを逆算して、残りの日数を語っていたのを見て、筆者としては興味深く感じるものがあった。

結局、今の時代、グローバル化の進展において、国際人材マネジメントの核心的内容とは、単純な意味での現地化を超え、現地文化に「馴染む」（なじむ）ことの大切さである。人間社会に当然存在する「矛盾」をそのまま受け入れるのではなく、「矛盾」を「修正」する「力」をもつことができれば、どんな場面においても確固とした主役として、正確な時代的認識ができ、社会や時代を「変化」させる大きな「原動力」になるに違いない。真の強さ（＝強い会社）とは、「硬い（Strong）」ものではなく、限りなく「柔らかく（Flexible）」なれることを理解できれば、その積み重ねが真の意味での組織の持続可能な成長（Sustainability）につながることになるであろう。そしてこのような変化への深い理解をもち行動ができる人材こそが今の時代、日本の企業に求められるグローバル人材ではないだろうか。

7章　日本の雇用と経営

37. 日本型教育訓練システムと知識伝播のメカニズム

　人間ほど自分が知っている情報や知識を他人に発信したがるものは他にいないであろう。たまたま外で収集した他人や友人についての情報を、自分とは何の関係もないのに自分勝手に解釈し、まるで自分が発見したかのように他人へ伝えたがるのである。
　人間は、自分から情報や知識を発信することでまるで自分が多くの情報をもっているかのように、物事に対してたくさん知っているかのように他人に見せかけたがるものなのであろう。しかしそこで注意しなければいけないことは、人間は、あることに関する情報や知識を1つしかもっていないのであれば安易に他に見せたりしゃべったりしないものであるということである。つまり、人は2つ以上のことを知っていない限り、1つの情報や知識を安易に他に発信しない性格をもつものである。組織においていえば、上司である自分がたくさんの情報や知識をもつ有利な立場にない限り、ある1つの情報や知識を後輩や部下に安易に渡さないのであろう。
　情報や知識を1つしかもっていないのであればどんなことがあっても絶対に他に渡さないのが人間の本音であるということである。なぜなら、それを手渡してしまえば、後の自分には何も残っていないからである。したがって、自然に知識や技能を伝播させるためには、何よりもその人間に2つ以上の知識や情報を渡しておくことであり、そうすれば自ら喜んで次から次へと他に流してくれるのである。

その意味で、日本の企業で採択してきた頻繁なジョブ・ローテーションと研修制度などを含む体系的な教育訓練プログラムは結果的に「知識伝播のメカニズム」に沿った有効な発想であるといえよう。

　しかし、最近の日本企業における一連の動きと能力開発の方向性を見ると、多少疑問が生じる。それは、いわゆる「自己責任」論であるが、昔からの日本的人材育成や能力開発の慣行になっている「企業任せ（企業主導）」のキャリア形成プログラムが極端に減り、何でも「自己責任」的発想でもって従業員の能力を開発しようという方向転換がなされていることである。

　むろん、単に「自己責任」論自体が悪いということではない。問題は、昔から企業が行ってきたことをすっかりやめて、何でも個人の責任として任せるというのは、まず効率の点からいって効果をあげられるのかどうかということと、行き過ぎた「自己責任」論はむしろ企業の「責任逃れ」からの発想であるように思えるからである。

　人間社会における「知識伝播メカニズム」を理解するならば、近年日本社会に蔓延する「自己責任」論は非効率性を生じさせるだけでしかないといえる。「自己責任」論を主張する以前に企業がやるべきことはたくさんある気がする。組織人に関しては、あくまでも企業が主役になって従業員の成長（知識や技能の獲得）に十分に貢献することが望まれる。昔の教育訓練システムがすっかり変容しているなか、これからの日本の企業において従業員同士の「知識伝播」がうまく行われるかどうかは大変重要な課題であろう。少なくともいえることは、今のままの企業による個人への責任転嫁的な性格を色濃くもつ「自己責任」論の拡大はやめた方がよいということである。いつの時代、どの地域においても、従業員の能力を開発することに関するやり方がどれほど変わっても、自社の従業員に対するキャリア形成の一環として行う教育訓練システムに関する責任はあくまでもその企業にあるといえよう。それは昔の日本の雇用システムの強みであり、他の先進国とは異なった日本的な特徴でもあったゆえに、最近広がりを見せている「自己責任」論を適用することには、賛成できないところが多いのである。

人間社会における「知識伝播」メカニズムが自然に働くためには、その基本的な考え方である、「常に2つ以上の知識や技能の習得」に貢献することが本当の意味での企業の「自己責任」論であり、「社会的責任」であろう。このような基本メカニズムを理解し、無分別な自己責任論をやめ、人材の能力開発における企業の自己役割への責任を十分に果たすならば、その従業員の知識や技能の向上につながり、結果的にその企業の競争力の強化にも貢献できるのである。

　計画的で体系的な「ジョブ・ローテーション」によって、そして定期的な人事異動によってヒトは成長していく。企業に就職することが終着点でないのはいうまでもあるまい。そこからヒトは真の意味での成長と能力の向上ができ、それが自然に伝播可能な仕組みを作ることが望まれる。そこに失敗すれば、今後の日本企業の競争力は担保できないであろう。今こそ日本企業特有の教育訓練システムを復活させることが、結果的に雇用の活性化につながることにもなると信じている。新しい時代に見合った発想というのは、何でも従来のやり方をやめてしまえば済むということではなく、むしろ長所の多い日本のやり方である日本型教育訓練システムの再構築が望ましいといえる。企業と組織のやり方や仕組みが変わっても、なかなか変わりにくいのが長年慣れてきた私たち人間の意識であり、組織で働く人間同士の関係性ではないだろうか。

　今後の日本の企業の復活を考える際にも、日本の従来型人材育成と能力開発プログラムのメリットを最大限に活かせる方向で再構築させることが望ましい。日本の組織における教育訓練システムを企業主導から個人任せへと急激に方向転換することは、人間の自然な発想に応じた「知識伝播メカニズム」の属性を理解するのであれば、今後の日本の組織競争力にとってもっとも危険であるように思える。

38. すでに始まっていた知識社会の真の姿

　かつてドラッカーによって知識社会の到来が予測されたが、今や社会の隅々にまで知識社会の姿が確認できるようになってきたような気がする。
　知識社会の中身は、必ずしも大企業組織や高度な仕事の場にだけ求められるものではない。町の果物屋さんがリンゴを売るにしても、一昔前のようにただよい品物を用意すれば済むという時代ではない。もちろんよいものを仕入れることである程度の顧客は集まるだろうし、その口コミなどによって一定の売り上げは保証されるだろう。しかし確実な売り上げの確保やそれを基盤としてさらなる発展を期待したいなら、やはり多様な工夫が必要であろう。質のよさはもちろんのこと、それ以外にもたくさんの工夫によって商売を進展させることが可能になるであろう。品物の並べ方、品物の紹介文の書き方、見せ方や置き方、値段の付け方や他の商品との組み合わせ方などへの工夫、仕入れや見せ方についても時間とタイミングへの工夫など、様々な工夫（知識）が必要になってくるであろう。それだけではなく、広告への工夫もいろいろと考えられる。例えば、若い女性のバイトさんがよいのか、それともおなじみの信頼されているおばさんのままがよいのかも重要であるだろうし、品物の種類を豊富にする戦略がよいのか、いくつかの品物に絞って出した方がよいのかもあり得るであろう。それはその地域の性格にもよるだろうし、お客の階層にもよるだろう。また常連客には何らかの特典を付けた方がよいのか、あるいは笑顔だけの作戦でよいのか、サービス戦略への工夫と商売の思想も必要であろう。このように実に単純に見えるリンゴを売る作業にしても、すでにこれだけの様々な工夫（知識）や情報が要るのである。まさに知識社会の姿そのものであるといえよう。
　リンゴを売るだけでもこれだけの知識が必要であるならば、会社での仕事や勉強への取り組みにおいても複雑で高度な知識（工夫）が必要になってくることはいうまでもない。つまり今の時代においては、頭を使って行動する

人間とそうでない人間との差異は確実なものになってくる時代であるといえよう。またもっというならば、頭だけを使うことと、それプラス多様な戦略や心を動かすような工夫（知識）までを考えているのかによって、その反応と成果はまったく違ってくるのではないだろうか。要するに、今の時代、真の知識社会の姿への深い理解が求められているのではないか。

　知識社会に対する理解は、労働の仕方への理解であり、今の時代において人がどのように働くのか、なぜ働くのかなどへの理解であるといえる。肉体労働と知的労働の境界が曖昧になっている今の知識社会において、今後どのような働き方が求められ、その際にどのような把握と理解をもって私たちが対応していかなければならないのかについての一定の答え（方向性）を示してくれるものであると考える。知識社会を理解することは、社会や組織、そして個人の競争力強化に直接関係することであると見ている。また知識社会の到来は、単純型肉体的労働の縮小や終焉を意味するのであり、その方向には女性労働の正確な評価というものも当然含まれているように思える。つまり、人間労働の終焉とまではいえなくても、機械やロボットなどが代替することによる人間の単純な力作業の終焉を認めざるを得なくなっているといえよう。その行き着く先には当然のごとく女性労働の再評価が待っていることであろう。いや、もっと正確にいえば、男女関係のない、真の意味での実力社会の到来を意味するかもしれない。

　わずか残された力作業は機械やロボットに任され、その他のほとんどの仕事は想像力と知性が必要な作業ばかりであって、男性労働者が女性労働者に確実にまさっているものは1つもないような気がする。いや、男性と女性の区別さえなじまず、そこには働くヒトだけが存在しているような世界が広がっているのではないか。その世界では、真の意味での知識社会の姿と中身の変化を理解しない限り、もはや組織の成果も進化も期待できなさそうである。

39. リスクとリスクマネジメントを考える

　リスクとは何であり、どのように理解し、どう受け止めなければならないのであろうか。そしてリスクをマネジメントするということはどのような意味をもつものなのか。リスクは、世界的レベルで地域や国の境界・壁を越え、時代や時という時間的概念をも超えて、そして社会的レベルのみならず、個人レベルにおいても存在し、経済的、身体的、精神的なダメージを与えるだけでなく、組織や個人に致命的な苦痛と絶望、後悔などをもたらすものである。またリスクには多様なリスクアセスメント（発生源・伝播の経路）があり、私たち人間の力や知恵ではどうしようもない偶然性をともなうものもあれば、個人や組織により対応可能なものまで様々である。
　そしてリスクをマネジメントするとは、リスクを正確に理解することであり、リスク発生に対し認知（反応）することであり、コントロール可能なレベルまでシステム化することであるといえる。
　すべてのリスクについて語ることは不可能であり、おそらくそのような作業はある意味無駄でもある。リスクは1度に1つのリスクだけが起こるのではなく、複数のリスクが同時発生するものである。リスクを事前に防ぐためには「守りのマネジメント」だけが重要なのではなく、リスクと戦略のコラボレーションによって可能になった「攻めのマネジメント」が重要になってきたことも理解しなければならないであろう。
　学問としてのリスクマネジメントは、1930年代に不況に陥ったアメリカ社会から発展した歴史をもつ背景から、保険や金融、そして自然災害、人的災害を中心に理論的・実践的発展を見せてきた。今の時代においてはそれだけにとどまらず、政治や外交、経済や経営、さらには社会や組織そして個人レベルまで、あらゆるレベルにおいて認知（感知）、対応、反応、理解、コントロールすることが大切になっている。
　リスクの概念は、多様な学問分野にわたって展開する性格をもつことから、

それぞれ異なった理解として受け止められたり、使われたりもすることはある意味当然なことであろう。リスクという言葉は、一般的には不安定性や不確実性、あるいは危機的状況を表現するが、それだけではなく特に経済学や経営学などの専門的な分野においては、多岐にわたって用いられることが多い。

リスク（risk）は、①ペリル・事故（peril）、②事故発生の不確実性（uncertainty）、③事故発生の可能性（possibility）、④ハザード・危険事情（hazard）の結合、⑤予想と結果との差異、⑥不測事態（contingency）、⑦偶発事故（accident）、⑧クライシス・危機（crisis）、⑨危険状態（danger）、⑩脅威（threat）、⑪困苦（pinch）などの意味に使用される。安全管理や保険管理などを中心とする伝統的なリスクマネジメント論においては、リスクは「事故発生の可能性」と理解され、特に次の４つの概念のすべてを包含する。すなわち、①ハザード（hazard）：事故発生に影響する環境・条件・事情、②リスク（risk）：事故発生の可能性、③ペリル（peril）：事故それ自体、そして④クライシス（危機）：事故の可能性の接近・事故の結果の持続である。

リスクの考え方を理解するために確認すべきいくつかの重要なことを整理すると、以下のようになる。①私たちの日常は様々な「リスク」に囲まれている。②私たちは誰でも少しでもリスクを避け安全・安心な暮らしを願っている。③でも、リスクの皆無な状態はなく、単純にリスクをなくすだけで済むものでもない。④ただし、ある程度は合理的にリスクを管理（コントロール）する方法を考えていくことが大切である。⑤現実的には、すべてのリスクを一度（一挙）に解決するのは不可能で、問題に対して優先順位をつけて対処していくしかない。優先順位づけの方法にはいろいろ考えられるが、まずは「望ましいか」「望ましくないか」を定量化（確率化）して比較する方法をとるのが一般的である。⑥望ましいか、望ましくないかの基準は、例えば、個人であれ、社会であれ、会社であれ、望ましくない場面はいくらでもある。特に、今日の日本社会にとって望ましくない事象は、地震、火山、テロや戦争、経済的不況や失業率の増加、自殺や犯罪、大気や水質の汚染、温暖化に

よる環境の悪化、格差の問題、派遣切り・派遣村の問題、非正規雇用の問題、少子化・高齢化の問題など実に様々であろう。それらがなぜ望ましくないかといえば、例えば地震の場合、リスクが発生すると建物の倒壊、人間の死、交通の麻痺などが予想されるからである。また、環境汚染の場合、健康被害、人間の死、生態系の変化などが予想される。⑦リスクを管理（マネジメント）するということは何であり、どのようにすればよいのかとの関連において、リスクのない場面は考えにくく、常に存在しておりいつどのような形で発生するかもわからない。したがって、そのリスクをどうすれば回避できるのかを考える際に、いつも回避する（逃げる）ことだけを考えれば済むものではなく、実際、多くの場面においてリスクの回避より、リスクを引き受けること、つまり信頼することで成り立っている場合がある。⑧リスクを管理するということは、リスク発生の前と進行中と後の対策と発生当時（直前・直後）の選択などという「意思決定」のレベルであり、その際に大切なのは、「優先順位の決定」である。⑨何をリスクと判断し、どのリスクを選択（回避）するのかの判断には、どのようなタイプのリスクを選択し、それに対しどのように対策したいのかという個人や社会（組織）レベルでの価値判断が反映されることになる。その際、リスクマネジメントによる意思決定の柔軟性（flexibility）を確保することが重要になってくるだろう。というのは、リスクマネジメントには正解（正答）が存在しないからである。

　そして、リスクマネジメントの基本原理（属性・原則）について少し指摘しておくと以下になる。つまり、リスクをマネジメントする発想とは、①事前に「穴を二つ用意すればよい！」的発想である。つまり、リスクは常に存在するものなので、事前のチェックが重要であり、保険を掛けておくという意味で、リスク発生の事後のため事前にオルタナティブ（代案）を用意することである。②「リスク」を「マネジメント」するということは、「選択」と「意思決定」の話である。つまり、すべてのリスクに対応するのは不可能であり、どのリスクをとり、どのリスクを避けるのかに関する意思決定が重要である。③「リスク」を「マネジメント」するということは、「優先順位」

の決定である。つまり、発生する多様なリスクすべてに、しかも完璧に対応することは困難であるため、自分にとって、あるいは状況によってリスクのなかの優先順位を決めることが重要である。④「リスク」を「マネジメント」するということは、「信頼（Trust)」＝ risk taking が重要であるといわれる。リスクを避けるだけでは、すべてを解決することは不可能であるため、一定のリスクに関しては、むしろ信頼、あるいは積極的に引き受けることによって、リスクをうまくコントロールすることが可能になる。リスクとトラストの関係は、例えば大事なアポイントメントに対し、目覚まし時計を信じないと（合わせておいた時間通りに目覚まし時計が鳴らない可能性をリスクとして心配するだけでは）眠れなくなるのであり、その結果はリスクの巨大化（拡大化）であり、不安そのものであろう。

　そして⑤リスクマネジメントの基本法則は、「High Risk, High Return」であることを確認しておきたい。つまり、基本的にリスクが低いのに、リターンが高いというのは考えにくい。当然、その逆も存在しない。リスクに関しては、高いリスクを背負って行動することによって、やはりその結果としてのリターンも大きくなるのである。

　つまるところ、リスクマネジメントとは、必ずしも「守りの戦略」ではないのである。優れたリスクマネジメントは、経営戦略の自由度を広げ、企業価値の最大化に貢献することになる。その意味で、卓越したリスクマネジメントは、企業価値創造戦略であるといえよう。洗練されたリスクマネジメントは、企業価値を高める経営戦略を可能にし、結果的に不動の地位を築くのである。それを可能にするためには、経営戦略のなかでリスクを事前にチェックし、リスクを発見し、そしてリスクの発生の可能性に対する多様な要因分析をして、その結果得られた分析情報を全社的に共有・管理することが重要であるといえよう。特に、今の時代においては、リスクマネジメントの成功いかんに企業の運命が掛かっていることを忘れてはいけないであろう。

40. なぜ、今ドラッカーなのか—ドラッカーの真の評価とは—

　2010年末以来、日本では偶然のドラッカーブームである。ドラッカーに関しては以前からもかなり人気があり、彼を追従するいわば、ドラッカリアンがいっぱいいた。特に日本では1960年代以降ドラッカーの著書は広く読まれてきたし、彼の名前を知らない経営者はおそらく一人もいないだろう。しかし、以前からの根強い人気ぶりとは違い、今回のドラッカーブームはその強度が違う。また、純粋にいってドラッカーに魅かれたブームというよりは、いわゆる「もしドラ」（「もし高校野球の女子マネージャーがドラッカーの『マネジメント』を読んだら」）という小説によるところが大きい。「もしドラ」に関してはここでは省略することにし、ここでは本格的な意味でのドラッカーの人気の理由を考えることにしたい。

　まずドラッカーとは何者なのかについて簡単に触れておきたい。ドラッカー自身は「社会生態学者」として世の中から呼ばれたかったらしい。つまり、ドラッカーはいわゆる「経営学者」ではないことに注意が必要であり、この点がドラッカーという人物を理解するのに大変重要なポイントであるともいえよう。自らも名乗っているように、ドラッカーは純粋な意味でのいわゆる「経営学者」ではなく、むしろいろいろな意味でそれを超えた「社会学者」であり、本人が好む言葉でいえば、「社会生態学者」であるわけである。なぜこの点が重要であるかというと、ドラッカーは企業や経営のことだけを分析する「経営学者」でないということであり、言い換えれば、企業や経営の諸側面だけを分析することにとどまることなく、彼の関心と目線は常にそれを超えた、あるいはそれを含む社会全体に向いていたことが彼の分析の肝心な点であり、それが彼の著書が世界中で広く読まれる秘訣にもなっているということである。つまり、彼の著書の中身は、多くの経営学関連書籍に書かれているような経営や企業組織の話にとどまることなく、それを超えた、あるいはそれを含む社会的現象として企業や社会のなかの経営活動を鋭く見

ているのである。

　彼の著書は企業経営や組織・戦略といったテーマを扱っているのに、文化や歴史、国家や社会の諸現象の話がいっぱい出てくるので、余計に難しく感じる人もいる。つまり、彼の理論はマネジメントに関することだけではなく、社会のなかの企業、社会の一員としての組織人（仕事人）そして社会そのものに対しての分析が要点となっている。彼は常に社会を見ており、社会の動きや変化の中身を見極めているのである。彼にいわせれば企業や経営（マネジメント）もすべて社会あってこそ成り立つものであり、社会のなかの企業であるからこそ、意味をもつのであるという。

　それでは、彼の本当の業績とは何かについて筆者の考えを少し紹介しよう。筆者はいわゆる経営学者であるが、教育者でもあり、ドラッカーの真似ではないが、常に社会の変化や動きに関心を寄せているつもりで頑張っているので、表に出ている彼の業績や評判よりもむしろ彼の思想や考え方を中心に、一般論とはやや違う観点から彼を再評価してみることにしたい。

　筆者が考えているドラッカーの最大の業績は、2つある。1つは、「企業とは何か」という企業の目的（存在価値）に関する指摘であり、もう1つは、「経営者とは何か」という経営者の資質に関する指摘であると思っている。

　まず、「企業とは何か」という「企業の目的」に関して彼はこういう。「企業の目的は、顧客の創造にある」という。社会生態学者ドラッカーの経営学への最大の業績はこれであるといってよいであろう。企業の目的は、一般に経済学などから指摘されてきたような「利潤の追求」ではなく、「顧客の創造」にあると言い切ったことが彼の最大の業績であろう。やや大げさにいうならば、彼が企業の目的は利潤の追求ではなく顧客の創造にあるといった瞬間に、経営学は以前から強く縛られていた経済学からの学問的脱皮を果たしたのである。経営学が経済学から常に下流（派生）学問として位置づけられてきたのは、企業というものの存在価値が、あくまでも経済学でいう基本原理としての利潤（利益・お金）という経済性の側面だけから強調されてきたことによるものだろう。つまり、ドラッカーによってようやく経営学が経済学

の下流学問という位置づけではなく、ある意味独立した一個の学問として再評価されるようになったのであり、この指摘こそがドラッカーの経営学への最大の輝かしい業績であると思われる。ドラッカーははっきりと、「企業の目的は利潤追求ではなく、顧客の創造にあり、利潤とは、企業の目的（顧客の創造）を達成するための、未来の費用である」といった。この定義こそが企業を取り巻く、経営学と経済学の考え方の決定的な違いであり、経営学の学問的特徴をよく説明しているといってよいであろう。

　また、このことからもう少し議論の範囲を広げるならば、ドラッカーの「顧客の創造説」こそが経営学の生きる道であり、経営学の真の進展のスタートラインでもあると筆者は考えている。なぜなら、企業というものには、本来「経済性」だけではなく、「社会性」という目的がはっきりと存在しているからこそ、経営学が経済学から学問的に自由になれるのであり、経営学として成り立つ存在価値にもなっているからである。そういう意味で、昨今の流行である企業の社会的責任（CSR）論は、そもそも企業の存在意義そのものに最初から含まれていることが確認できるという意味でもドラッカーの指摘は有効であろう。つまり、企業の目的は顧客の創造にあり、企業の存在価値とは、経済性だけではなく、社会性（社会への役割と責任）という両側面から成り立つのであるということを認識することが、経営学を正確に理解するために決定的なポイントになるであろう。

　もう1つのドラッカーの重要な業績は、経営者の資質に関する指摘である。ドラッカーは、経営者に必要な唯一の資質は、インテグリティー（integrity）であるといった。インテグリティーとは、「真摯さ」「誠実さ」「高潔な品格」「高いレベルの道徳性・倫理性」ということを意味する言葉である。

　ドラッカーは、経営者に求められる資質はこのインテグリティーただ1つであるといっている。考えてみれば経営者に求められる資質は山ほどあるといってよいであろう。カリスマ性をはじめ、判断力、行動力、統合管理力等など数え切れないほどあるだろう。しかしながらドラッカーがいいたかったことは、何よりも正直で真摯で高い品格のもち主でなければ他のすべての資

質は無駄であるという警告でもあるように思える。あの「ホリエモン事件」も記憶に新しいが、頭だけがよくて心がない経営者が多い今の時代、欲望の固まりでとにかく利潤だけを追求する経営者も多い。自身の高額な報酬は確保しつつ、次々と従業員をクビにし、正規社員を極端に減らしてその穴を非正規社員で埋めるなどして、結果的に企業の採算性を確保するようなやり方が果たして正しいだろうか。

今日、日本で起こっている偶然のドラッカーブームをきっかけに何がどれだけ変化していくのかはまだまだ疑問ではあるが、少しは期待できるであろう。そして私たちはこのような長年の不況だからこそ、もう第2、第3のホリエモンはもう要らない。ドラッカーが指摘したように、人間味溢れる真摯で高い品格をもった経営者のみが必要であることはいうまでもあるまい。この2つの大切な指摘こそがドラッカーブームの真の隠れた原因なのかもしれない。経営者でない人々も、ドラッカーブームに乗って世の中の社会的現象や物事に対する見る目にもう少し真摯さを取り戻すきっかけになることを大いに期待したい。

41. 日本の職場文化（1）―あいまいな職務評価と人材観―

日本人に職務評価（職務ごとに仕事をさせ、それを基準に評価すること）が難しいのは、就職ではなく就社だからであるという指摘もあるが、筆者はそれよりも日本社会における「人材観」にその原因があると考えている。

つまり、アメリカ社会では、その人を採用する際に、「君は何（どのような作業、仕事、職務）ができるのか？」「君は、今まで何（どのような作業、仕事、職務）をやって（経験して）きたのか？」が聞かれるのに対して、日本では、人（人材）を「全人格的」なものとして評価する慣習が存在しているので、そのような質問は一切出てこない。それは、日本では他（他社や他労働市場）での経験や技能・知識などは関係ないし、むしろ「邪魔」であると考えているからである（実際、昔のトヨタでは同じ職種の関連他企業からの受け入れは一切しな

いのが原則であった）。

　何色も染めていない白紙の状態、何の職務・仕事の経験も有しない真っ白な人間＝新規学卒者を一括採用方式で採用し、自社独自のスケジュールとやり方（定年までを想定＝終身雇用慣行の存在）で人を自社独自の「色」に染めていく。完璧に自社の人間化することで、他社には行けなくなることを望む。その人間は、若いときはその会社の「色」を吸収することに必死であり、歳をとったときにはあまりにも独特な「色（その企業だけに通用する特殊的技能）」なので、他（他社）に行けなくなると、今度はその組織に残るために、経営に協力すること（労使協調、労使協力）に必死になる（人質効果）のである。この循環が好循環として力を発揮していたのは、せいぜい1980年代末までであり、それ以降は以前の好循環をもたらした仕組みがまさしく悪循環になってしまっていることを、いまだに日本社会は（情けないほど）認めないでいる。悪循環になってしまったのは、昔とは違って、今の時代にはある特定の1社だけにしか通用しない技術や技能、知識がもう要らなくなったからであろう。今はもう21世紀、時代は流れていくばかりである。

　人を「全人格的」に見るということは、任された仕事（職務）を上手くこなすだけでは済まないということである。仕事も人間性も組織や会社への忠誠心も、会社にいる時間はもちろん、会社を出た後の私生活の時間でも会社（組織）の成長と繁栄を考えなければよい人材ではないと判断される。ただ、これを期待されるのはあくまでも正社員であって、このような正社員への高い期待設定には大きな問題がある。人材への正しい評価に関する今後の解決の鍵もここにあると見ている。

　つまり、「正社員への行き過ぎた期待」というものを直さない限り、日本の働き方・働かせ方の改革はできないということを強調しておきたいのである。任されたことについて、責任をもってきちんと処理し、終わった後の時間はその人にとって大事な時間であるということを認めることが、まさしく「ワークライフバランス（WLB）」なのであろうと思う。日本の職場において仕事だけではなく、個人のプライバシーを尊重することから、少しずつ変え

ていく発想の転換作業こそが、日本の職場文化を柔軟にすることであり、ワークライフバランスのスタートラインでもある。アメリカの企業社会にできて、日本の企業社会にできないはずがない。日本の職場文化を変えていくために、結果を重視するだけでなく、1つひとつのプロセスをも大事にし、既存の風潮から脱皮し新しい時代にふさわしい発想を取り入れる、努力と勇気が求められているのであろう。

42. 日本の職場文化（2）─組織の硬直性と議論の無駄化─

　本来人間は、自分がもつ能力や実力を発揮するためには、どうしても心も体も柔軟でなければならないのに、日本の働く職場は柔らかいどころかどんどん硬直化しているのである。その原因にはこれまでずっと固守されてきた慣行・慣習の存在があり、日本的常識としての規則やルールに縛られた、自由な議論のできない職場文化の存在が指摘されよう。

　多くのアメリカ企業との比較のなかで、日本の企業人を調べたところ、勤続年数が長いにもかかわらず職場や仕事への満足度はかなり低いことがわかった。これは一見矛盾しているように思われる。一定の職場に長くとどまるということ（勤続の長さ）は、その企業や組織に何らかの親しみや忠誠心を感じた結果であるはずなのに、実際には不満足であるということは、どのように理解すればよいのだろうか。もちろんこの結果には多様な側面が複雑に絡み合っており、バイアスも存在するだろう。しかし、勤続年数の長さとは裏腹に満足しない人間が多いということは、不満であってもなかなか動けない何らかの事情があるに違いない。私はその多様な原因の一つに、組織の「硬直性」があると思っている。組織の硬直性とは、規模の大きさから来るものではない。それは先ほど触れたように、前例に縛られた強固な慣行の存在であり、不活発な議論の結果であると思っている。

　世界的に成功したいくつかの企業を観察すると、そこに共通して見られるのは、規模の経済性を重んじる体（組織）の大きさではなく、中身の柔らか

さであり、規模の大きさとは関係ない居心地のよいこじんまりさであり、自由に議論できる職場文化を有しているという点であった。多くの日本の職場では議論するということに抵抗があるようだが、議論ができる（許す）ということは、単なる場の提供という意味ではなく、もっと深く広い意味があると思う。議論を許すということは、最初からすべて自分が正しいとは思っていないことを意味しており、自分の意見や主張も大事ではあるが、自分のそれとは異なる他の発想や観点も大事であり、しかもそれを取り入れられる基本的にオープンな姿勢が用意されていることを意味する。そのためには議論と喧嘩の違いをわかっている必要がある。議論する気持ちにならない雰囲気では、組織の活性化はないし、その組織は次第に枯れていくだろう。これからの時代に求められる組織とは、普段と変わらずいつものように何事もなく1日が終わっていく静かな組織ではなく、実にうるさくいろいろな人たちからの意見や主張が喧嘩のように飛び出し、一見滑稽にさえ見える未熟な意見やアイデアが議論の種になって、そこから徐々にまとまりながら、まったく新しい発想が生まれてくるような組織である。つまりそのような職場文化に変えられるかどうかに、日本の企業の未来がかかっているといっても過言ではあるまい。人も組織も「硬直」しては駄目である。「柔軟」でなければ人間も組織も、たとえ生きていても死んだようなものなのであろう。

43. 企業のための弁明―環境問題と企業（経営）のジレンマ―

　伝統的な経済学において、企業というものは「利潤追求を目的とする集団」として解釈される。しかし、すでに紹介したように、アメリカの著名な経営哲学者ドラッカーは、「企業の目的は、『顧客の創造』にあり、利潤とは、企業の目的を達成させるための『未来の費用』であり、企業経営の『随伴的結果』である」とした。

　今の時代において、企業なくして生活はなく、仮に自分が企業に就職という形を取っていなくても、自分の家族や親戚、周りの友人を思い浮かべれば、

必ずや会社員という形で企業に勤めて働いている人がいるのではないか。もし、今の時代、企業が存在しなければ、想像できないほど不便であり、まったく人間としての生活が成り立たないであろう。

環境破壊の主犯は、確かに企業（工場）ではあるが、だからといって企業（工場）のないまま、すべての生活（主に衣食住）を自らの力と周りからのわずかな協力だけで成立させられるとは思えない。そこに、「環境問題と企業（経営）との根本的なジレンマ」が存在する。

例えば、開発の真っ最中にある中国の言い分はそれなりに説得力があるように思える。今までアメリカや日本、ヨーロッパなど先進国を中心に行われてきた経済発展の背景には「環境の破壊」があった。先進諸国は環境を悪化させながら経済発展を遂げたのに、なぜ中国をはじめとする開発・発展途上国が環境保護のために開発・発展を抑制しなければならないのか、という意見に納得のいく反論をすることはさほど容易ではないだろう。

しかしながら、そのような中国などの言い分にもかかわらず、「環境問題の解決と企業経営の発展」というジレンマの中において、ギリギリのところで何とかして、環境問題の改善・解決に向かって皆が力や知恵を合わせて積極的に取り組んでいかなければ、人類の未来はないのである。

資本主義社会において一番大切なのは、「人間の自由と幸福」であり、その達成のためにも、企業の発展・進化は欠かせない。企業の絶え間ない研究開発（R&D）の成果である新製品やサービス、情報は私たち人間の生活をより自由で豊かにする側面をもち、その恩恵を受けることで人間はより幸せになるはずであろう。もはや携帯のない1日は考えられないし、車や電化製品がない家庭生活も考えにくい。今や洗濯・掃除・料理を同時にやりながら、運動・友達との会話・読書をすることも可能となっている。

企業は社会との関わりのなかで存在し、私たち人類に期待され、信頼されなければならない存在である。その意味においても「社会のなかの企業」という概念と「企業による社会的責任・役割」という概念はとても大切であり、それを可能にさせてくれるのが、「経営」であり、「経営者」という存在にほ

かならない。経営のあり方とその方向性、そして経営者のもつ健全な思想と正しい判断によって、私たち人間の「自由と幸福」が担保されていることを、社会と経営者は自覚しなければならないであろう。

企業経営と環境問題というジレンマを乗り越える知恵は、最終的には企業経営のあり方に対して新たな解釈と真摯さをもった偉大な経営者からしか生まれてこないような気がする。真摯さをもった経営者というのは、そのような運命をもって世の中に生まれてきた偉大な存在かもしれない。

私たち人類に自由と幸福をもたらすことと、私たち人間の欲望と満足を上手く調整可能なレベルでコントロールすることを両立させる、偉大な存在としての経営者（社会のリーダー）のもつべき真摯さ（ドラッカーのいうインテグリティー概念）が、今や大きく問われていることを指摘しておきたい。

第Ⅲ部

不思議な社会・ニッポンの「文化と意識」を考える

8章 日本と韓国の文化の違い

44. 韓国人は個人プレー、日本人はチームプレー

　すべてではないにしても、韓国人のスポーツ選手の多くは、ゴルフやスケートなどの個人競技において成果を発揮している場合が多い。例えば、日本ゴルフ界で2010年度の賞金王に決まったのは、男性も女性も韓国人であったし、2011年も男女ともに韓国人であった。その後も日本や世界で活躍している韓国人選手は多いのである。

　一方、日本人は野球やサッカーなどの団体競技で多くの成果を出している。これは、よくいわれているように、韓国人は個人志向が強く、日本人は集団志向が強いことによるのかもしれない。

　組織において韓国人に成果を発揮させようとするならば、集団（組織）であっても必ず個人として評価することが大切である。チームプレーである野球にしてもサッカーにしても、1つのチームとして総体的に評価するのではなく、1人ひとりの個人プレーへの評価が大切であるということである。

　プロ野球選手のイ・スンヨプが昔巨人に所属していたとき、多くの韓国国民が応援していたのは、歴史ある素晴らしきチームとしての「巨人（集団）」ではなく、あくまでもそこでプレーしていた「イ・スンヨプ（個人）」なのである。多くの日本人は集団である巨人に熱狂するが、韓国人はあくまでもイ・スンヨプという個人に熱狂するのである。もちろん、今はそのイ・スンヨプから、イ・デホ（福岡ソフトバンク）やオ・スンファン（阪神タイガース）になっているであろう。

少なくとも韓国社会においては、集団全体を平等に評価することはむしろ差別であり、不公正であるとみなされる。日本の社会は、公平（平等）を重んじる社会であり、ある特定の人だけを特別扱いすることを極端に嫌う傾向があるが、韓国において、それぞれの置かれた状況や事情に合わせる特別（扱い）とは、決して差別ではなく、それは一種の配慮であり、むしろ公正なのである。
　韓国におけるこのような個人性の重視は、国民性や気質によるのかもしれない。韓国人騎馬民族起源説を考えると、その戦いへの強い執念という民族性が前面に出ているような気がする。韓国社会においては、自分のもつ強い個人性をアピールすることが何よりも重要で、自己を主張しない限り評価されない風潮が広まっている。
　その現れの1つとして転職が多いことがあげられよう。つまり、転職とは自己主張の結果なのである。自分の能力をわかってもらうために、評価してくれる会社があれば、積極的に自己アピールをし、転職していくのである。生涯を通じて通常3〜4回程度が適当であるような風潮がある。極端にいえば、入社して定年までそのまま同じ会社に残っているような人は、逆に能力の足りない人間とみなされるのである。このような個人志向の強さが、日本と違って転職の多さという結果に表れているように思える。
　しかし、韓国人のこのような個人性のすべてを理解することは困難かもしれない。どうにかこのような個人性を組織に活かしたり、あるいは多様な場面において彼らと共に仕事をしたり、コミュニケーションを取ったりしなければならないという、現実問題としての接点がある場合には、どのように対応すればよいのであろうか。この日本と韓国という異なった国民がそれぞれもつ行動パターンを理解し、実際に組織においてどのように活かしていくのかが今後の日韓関係の課題でもあるといえよう。
　その理解のためのカギの1つとして、韓国人の行動パターンは日本のそれとはまったく異なるという基本認識をもって彼らと接するなかから、理解可能なものを発見し増やしていくことが大変重要であるように思える。つまり、

同じ文化圏なのだから自分たちと似たような行動パターンを見せるだろう、という安易な期待や考え方で彼らと接して、実際にはまったく異なった行動や態度にあって戸惑ったり誤解したりするよりはマシであろう。考えてみれば、同じ日本の国内においても、関西人と関東人ではお互い生活パターンや行動スタイルにまったく理解しがたいところが多いのだから、国や文化、歴史が異なった韓国と日本の行動パターンや生活習慣などが違うのは当たり前のことかもしれない。もし似たように見える行動や意識があるとすれば、それは偶然の一致だと受け止める方がより自然な発想なのではないか。異文化を理解することはとても難しいかもしれないが、今の時代に必要なのは、異文化への正しい理解かもしれない。その正しい理解とは、自分の常識や意識で考えることではなく、ありのままの文化そのものを認めることである。単に自分と違うだけで間違っているわけではないことがわかっていれば、立派な国際人となりうる資格は十分もっていることになるといえる。

45. 日本型「公正」と韓国型「公正」概念の差異

　日本型「公正」は、公平性、つまり「平等」性を重んじる概念であるが、韓国型「公正」は、「特別」性に「配慮」する概念であるといえる。ここではこの似ているようで異なる2つの公正概念について考えてみることにしたい。

　他から聞いた話であるが、ある老人向け福祉施設では、建物の真ん中に広いリビングがあったという。何人かの老人が入っているが、そのなかに寝たきりに近くなかなか自由に動けない老人が1人いる。ある日、1台の新しい大型テレビが寄付され運ばれてきた。当然どこに置くかが問題になる。日本であったならば、広いリビングに置いてみんなが平等に見られるようにするのを「公正」であると思うだろう。つまり、日本型公正の発想は、誰も特別な扱いや、特殊な配慮をしないようにし、みんな平等にその恩恵を受けられるようなやり方を採りたがる思想であり、その公正概念は平等性を重んじる

概念の徹底であるといえよう。

　しかし、この光景が韓国の老人施設だったら、ちょっと違うかもしれない。おそらく韓国だったら、1人寝たきりの老人の部屋に置かれるであろう。なぜなら、広いリビングなら、割と元気な老人はみんな平等に見られるかもしれないが、1人だけ体の不自由な老人にとっては、そのテレビは実に無用なものであろう。そこでテレビをその不自由な老人の部屋に置き、みんなは多少狭くて不便であってもテレビが見たくなったらその老人の部屋で一緒に見ればよいというのが、韓国での自然な発想である。これが、典型的な韓国的「公正」観念であり、そこには「特別」性に「配慮」するという概念・発想があるのである。

　もちろん、このような特殊な一例だけで日本と韓国における「公正」概念や発想をすべて説明することには無理があるかもしれない。しかし、確かなことは、日本型「公正」が、公平性、つまり「平等」性を重んじる概念であるとすれば、韓国型「公正」は、「特別」性に「配慮」する概念であるということがいえると思う。

　日本の公正は特別扱いを排除する方向で展開されてきたのに対して、韓国の公正はその特別扱いないし特別な配慮を積極的に取り入れようとする形で展開されてきたといえよう。ただし、韓国における特別な配慮が公正観念として社会に通用するためには、少なくとも状況として納得可能な水準でなければならないことはいうまでもない。韓国社会において納得・説明可能な公正な状況とは、上記の例のようにあまり平等性にこだわることなく、残りの元気なみんなが1人の不自由な人のために多少の不便を肯定的に引き受けようとする配慮ないしその人の特別性を認めることを意味するのであろう。

　問題の核心は、このような公正に関する日韓の異なった思想をどのように見るか、そしてそれは何を意味し、どのように理解すればよいのかにあるであろう。どっちの国のやり方および思想が正しいか否かを語るのではなく、2つの国の異なった公正概念を理解することと、自分とは異なった思想であってもそれが間違っていると判断するのではなく、そのままその差異を認

めることが重要であるように思える。

　公正概念を取り巻く観念の違いから、日本と韓国という異なった２つの社会において強調される観点の違いがうかがえる。伝統的に日本社会においてはみんなで分かち合うこと、平等にみんなで作り上げていくことへの価値を高く評価してきたのに対して、韓国社会ではお互い主張し合って納得可能な理由が認められれば、そこにたとえ多少の不合理・不平等な面があっても、公正として認めようとする傾向が強いのである。つまり、日本社会では「実質的価値」を大事にするのに対して、韓国社会では「名分的価値」を大切にするのであろう（名分とは大義名分のことで、儒教に由来する考え方である。本来は臣下として守るべき道義や節度、出処進退などのあり方をさしたが、今日では転じて、「行動を起こすにあたってその正当性を主張するための道理・根拠」をさすことが多い）。名分をもたない行動と決断は、韓国社会においては説得力のない空虚なものであり、その名分に命をかけることはもちろん、何事もないような些細な出来事であってもその名分探しに必死になるのが、正真正銘な韓国人であろう。

46.　日本の「忠」VS 韓国の「情」

　日本も韓国も人間関係を大事にすることは似ているが、その人間関係を貫く原理として日本では「忠」を、韓国では「情」を大事にする。
　「忠」とは基本的に集団の原理であり、「情」とは個人の原理であるといえる。もちろん「忠」にも自分の主人やリーダー、あるいは王様などに対する個人レベルの観念もあるが、一般には自分が所属する集団や組織に対する観念が中心である。よく日本人は自分の企業や組織に対する「忠誠心」が強いといわれている。その反面、「情」という観念は集団に対する心理的感情としての「情」もありうるが、基本はやはり自分と親しい友人や周りの人に対する個人的感情としての「情」が中心であろう。
　日本の忠は日本的集団主義と関連性が深く、昔の一種のサムライ精神と関係するところが大きいと思われる。忠は個人の組織へのコミットメントの仕

方であり、寄与度や貢献度のバロメーターでもある。忠の強弱によって個人と集団の関係性が強まったり弱まったりするのであり、その強度が組織のなかの一員として認められる基準にもなるといえよう。他方、情は韓国人同士の人間関係上欠かせない感情であり、親しみや関係性のバロメーターでもある。韓国人の情はその本来の個人性の強さはもちろん、ケースバイケースという個別性も強いといわれている。相手の感情とは関係のない、いいかげんででたらめで自分勝手な感情であり、必ずしもギブアンドテークではなく一方通行の場合もかなり存在する不思議な感情であるといえよう。したがって、日本人と韓国人の理解およびその人間関係において、この2つの異なった感情である忠と情の概念を理解することが大切であるように思える。

　また別れのときに涙を流すことだけが決して「情」ではない。涙を流さないからといって、あいつは「情がない」とか、「冷たい」人間だと判断されるのはどうかと思う。確かに涙を流すことで、別れの瞬間に感情的になり、切ない気持ちになることはあっても、涙を見せることが「情」があるかどうかの一種の判断基準になっているのは絶対的ではないかもしれない。後で泣く人もいれば、面に出さず心で泣いている隠れた涙もある。ただ確かにテレビ番組などで見た場合、別れのときに泣いてくれないとどこか冷たく感じられることもあって、涙を流した方がより感情的になって、見る側には一種の満足感を与えてくれる場合がある。

　泣くことに関してもむしろ日本人の方がより感情的になって泣いたりする場面をよく見かける。また女性の涙と男性の涙には世間の評価と見る目が異なる。それは世間が考える「おんならしさ」、「おとこらしさ」というイメージと関係する。特に韓国では男性が涙を見せることは、男性として精神的に弱いこと、みっともないこととみなされる。しかし泣くことに関していえば、別に男性と女性で異なることはないと思う。人間として切ない気持ちから涙を見せることは、別に恥ずかしいことではないはずである。自分の率直な感情を外に出すかどうかは、その人の感情の問題であり、感性や性格のタイプの問題であって、決して弱いとか情けないとかの問題ではないだろう。

しかし、韓国の情とは違って、日本の忠は個人と組織との間を結ぶ感情であり、強まったり弱まったりはするものの、容易に消えたり生まれたりするものではなく、その関係性においてやや長いスパンで機能する側面があるように思える。つまり、忠は長いスパンにおける関係性を表す概念であるのに対して、情はかなり短期的に生まれたり消えたりする感情から、長い期間にわたって知らず知らずに染まっていくような感情まで様々である。
　韓国社会における人間関係は情をもって結ばれる場合が多く、情の理解なくして韓国人との人間関係は難しい。余談になるが、韓流スターであるペ・ヨンジュンさんは自身のファングループに対して「家族」という表現をしている。それは家族のような大切な存在という意味もあるが、それよりもむしろ自分とファンとの関係性について、血で結ばれている家族のように、韓国的な情の感情で強く結ばれたような親しみをもっている、という意味の方が強いのではないか。
　いずれにしろ、日本人とのかかわりのなかでは忠という概念の理解が大変重要であり、韓国人とのかかわりのなかにおいては、情という感情の理解なくして彼らとの親しい関係は不可能であるということがいえよう。

47. 日本の「情」と韓国の「情」

　46.節で日本の「忠」と韓国の「情」の話をしたが、ここでは、日本と韓国の同じ「情」の感情の異なる側面について考える。
　「情」とは、人間同士の間で生まれてくる自然な感情であり、「愛」という感情とはまた違う深みと広がりがある。一般には相手の行動や感情とは関係なく、自らの思いから自然に生まれてくる一方的な感情であるといえよう。しかしながら、日本の「情」がGive and Takeの関係のなかから生まれてくるという側面があるとするならば、韓国の「情」はまさしく一方通行のいいかげんさがあるように思われる。
　日本の社会における人間関係をのぞいてみると、この「情」という感情は、

Give and Take の関係の過程で生まれてくるように思える。日常の人間関係のなかで一方から出された配慮や感謝に対し、それをどうしても返したいという気持ちから、いわゆる日本的「情」が発生する。2人が交代で行う作業があるとしよう。一方が体調不良などで欠席したとき、もう一方がその人に配慮して順番などを交代してあげたとしよう。その場合ほとんどの日本人は感謝の気持ちを抱き、何とかチャンスを見つけて今度は自分から何かをしてあげようとする。ここからやや薄い関係性ではあるが、自然に生まれてくる感情として日本的「情」というものがあるのである。相手に対する感謝の気持ちに近い感情としての「情」、あえていうならば、「丁寧な情」「礼儀正しい情」であるといえよう。

しかもそのような2人の間で、似たような場面が2度、3度と続いて起こるのであれば、その2人の心に自然に生まれてきた「情」というものが今度はもっと深くなっていく。何てやさしいんだろう、何ていい人なんだろうという感情が湧き、相手のことを考えると自然に「深い情」が生まれてくる。その意味でいえば、日本的「情」とは「信頼」と関係が深いのではないかと感じる。つまり、人間関係における Give and Take の関係によって生まれる「情」という感情の広がりと深まりの結果、相手に安心する信頼というものが生成されることになる。

一方、韓国の「情」は、先ほど述べたように、かなりいいかげんで勝手な一方的な感情として現れる場面をよく見かける。韓国的「情」は、よい関係性だけから生まれてくるのではなく、醜い相手やいやな相手との関係のなかからも生まれてくる感情である。愛憎入り混じった複雑な気持ちを「憎らしい情」といい、普通の望ましい関係性から生まれてくる「優しい情」とは区別されるものの、韓国人の人間関係上の感情を理解する上で大切な感情構造であるという点では差はないことに注意しなければならない。つまり、「憎らしい情」も韓国人の感情としては立派な「情」の1つであり、この複雑で不思議な感情を理解することが、韓国人の感情構造を理解する上で大変重要なポイントになるのである。

韓国人の「憎らしい情」の感情は、相手との深い関係性のなかでよい面も悪い面もすべて知り尽くし、容易に諦めることもどうすることもできない関係性から生まれてくる不思議な感情をさす。愛憎の関係にありながら、醜いと思いながらも、相手を可哀想に感じてしまうなかなか離れられない特別な感情である。このような韓国人の「憎らしい情・優しい情」の感情を理解することができれば、多くの韓国人との人間関係を深めることができよう。またまったく同じように、日本人における日本的「情」の構図を理解することで、日本人との人間関係を結ぶ上で大いに参考になることが期待できるであろう。「情」の概念の日韓の差異を理解することも大切であり、「情」という個人の自然な感情を理解することが日本と韓国における人間関係を理解する上で、お互いをより深く理解することにつながるのであり、より望ましい関係を築いていける重要なきっかけになることを指摘しておきたい。

48. 若者文化の普遍と特殊─日本と韓国の比較─

　日本と韓国の比較の観点から、大学生を中心にその若者文化の共通点と差異点などをのぞいてみよう。この作業は、2つの異なった社会の姿を理解するだけでなく、特に今後お互いにどのような付き合い方が可能なのかを想像する上で大変意義深い作業であるように思えるからである。
　まず日本であるが、前にも指摘したように、日本の若者、特に大学生はいまだに大学という4年間の短い期間の意味や意義についてやや勘違いをしているかのように見える。それは長い人生のなかでの大学生活の意義および存在価値への理解やその後の社会人生活（職業生活）との関連において、与えられた4年間の過ごし方に対する自分なりの思想や哲学が足りないということである。つまり、ほとんどの若者は大学という特殊な空間と時間の意味を正確に理解していないまま、無駄な時間を過ごしてしまうという過ちを起こしているように思える。
　まだ日本的雇用慣行システムが定着していたころは、その人の一生という

長いスパンのなかで、大学時代とは唯一自由に過ごすことができる時間と空間であったといえよう。なぜなら、日本的雇用慣行のもとでは、卒業してからその企業の一員として企業特殊的技能や知識を得るために必死に仕事をし、定年まで頑張る職業人生しかなかったからである。つまり、昔の多くの日本の若者にとっては、大学生活という4年間に遊ばないかぎり、企業を定年退職するまで遊ぶことができなかったのである。しかし、日本的雇用慣行がほとんど崩壊してしまった今はどうだろうか。

　終身雇用慣行と体系的・持続的教育訓練プログラムといった企業主導のキャリア形成システムがほとんど崩壊してしまった今の日本ではまったく逆のことがいえると思う。やや極端にいうならば、大学4年間にしっかり勉強しておかないと一生勉強することが不可能な仕組みになってしまっているのではないか。自己責任論の広がりと個人任せのキャリア形成への変容により、企業に入ってもなかなか体系的な教育訓練や能力開発ができない仕組みにすっかり変わってしまったのが原因である。

　一方、韓国社会はどうだろうか。変に思うかもしれないが、韓国の大学に行って、一番立派な建物を探すとそれはおそらく図書館であろう。その立派な図書館に入ると空席が1つもないことに気がつくはずである。図書館内のすべての席が学生で埋まっている光景を見て圧倒され、しかもそのほとんどが24時間自由に利用できることまで聞くと様々な思いが浮かんで来るのではないか。しかしここまでは感嘆する話であったものの、その中身を聞くとややがっかりすることになるかもしれない。

　そのほとんどの学生の机の上にあるものは、ほとんどすべて英語の学習書や問題集──一般の英語のテキストをはじめ、英単語集、TOEICやTOEFLの問題集などである。これを見て素朴な疑問が浮かんでくるのではないか。なぜこんなにも韓国の若者の多くが英語の勉強に命をかけているのであろうか。ここからやや悲しい韓国社会の姿が見えてくる。

　少し極端にいうことが許されるのであれば、筆者は韓国社会におけるやりすぎた英語学習ムードをいわゆる知識の「植民地化」と見ている。韓国社会

がどれだけアメリカに従属しているのかを端的に示すものであり、知識や意識についての力関係（＝グローバル・スタンダードへの従属）を意味するものと見ているのである。それは今やすっかり危険な思想ともみなされるアメリカン・スタンダードへの盲信を意味することであるともいえよう。むろん、言語としての英語の強調がそのままアメリカへの従属を意味するものではないことは誰しも十分に承知していることであろう。しかしながら、こんなにも韓国の若者たちが英語の勉強に一生を通じて縛りつけられている様子はどうみてもやりすぎであり、盲従といってよいように思える。ただし、ここで少しフォローするのであれば、韓国語と英語はまったく語順・文法が異なっているため、その学習にかなりの苦労と努力を要する側面があることだけは指摘しておきたい。つまり、もともと外国語の学習にはそれなりの才能と努力が必要ではあるものの、英語と韓国語のように語順・文法がまったく異なっているような言語は、その話し手の思考の仕方の違いにもつながってくるため、その学習に際しては英語と似た語順・文法の言語の人々が学習するより何倍、何十倍も努力が必要になることを指摘しておこう。日本語と韓国語は同じ語順なので、当然のごとく、このような側面は日本語と英語の場合にもそのまま当てはまる。では、なぜ日本では起こらない現象が韓国にだけ起こるのであろうか。その辺が異常ともいうべき韓国社会の特殊な側面であるといえよう。

　したがって、韓国社会においてこれだけ英語の学習が一般的な広がりをみせ、その上達に若者たちが多くの学習時間を費やしているということは、韓国社会がどれだけ英語の能力を重要視しているかの例証でもあるといえよう。英語の能力が強調されるのは、英語が韓国社会の隅々で強調され、英語の実力の高さがそのままその人の総合的な実力を示しているかのような風潮がその背景にあるからであろう。英語ができるかどうかがその人の人格のバロメーターであるかのような感覚が存在するのが、現代の韓国社会なのである。現パク・クネ（朴槿恵）政権が誕生した当時は「英語共用化」構想もその基本的な政策マニフェストに入っていたとされているくらいである。

反面、日本はどうであろう。確かに近年、以前よりは英語が強調されるようになってはいるものの、いまだに英語の必要性が否定されることもある国は世界のなかでおそらく日本だけではないだろうか。このように日本と韓国は世界のなかでも両極端なケースであるように思える。韓国ではほとんどの大学生が4年間の大学生活をほぼ英語の学習に費やしているのに対して、日本の多くの大学生はいまだに日本的雇用慣行がゆるぎなく存在しているかのように無為に4年間を遊んでばかりいるような気がするのである。筆者には2つの国の未来が心配でしょうがない。韓国の行き過ぎた学習志向による青春の浪費に対しても、日本の昔のままの時代遅れな考え方を信じて遊びまくっている可哀想な青春の浪費に対しても、何とか生産的な議論が生まれることを期待し、間違った方向に歯止めをかけるきっかけになる大きな出来事（Turning point）を待つしかないのかと思うと一教育者としてさびしい。国際的にも大学の役割と責任が大きく問われるなか、大学生活における真摯さと充実がその後の人生に決定的な影響を及ぼす可能性については、否定できない普遍的な真理ではないだろうか。

49.「死」や「自殺」に関する日韓の差異

　死や自殺問題に関していうならば、日本は昔の「サムライ」精神といったものや、あるいは「心中」のような自殺（死ぬこと）に対しての一種の肯定的な部分があるように思われるが、日本の自殺とは押しつけられてどうしようもないときに、ケジメをつけるという意味の最後の手段としての性格が強いのであり、しかもその自殺による死の後は事件の決着あるいはゲーム終了という形で捉えることが一般的であるといえる。自殺という不幸な結果について、その意味や評価を単純に一般化することは容易な作業ではないが、日本社会における個人の自殺に対する社会の受け止め方には、確かに他の国とは異なったやや特殊な側面があるように思われる。自殺までしたのだからそれ以上は問わないという暗黙のルール、社会的合意が存在するのではないか

と感じるのである。しかし、韓国では、特に自殺に関してはまともな人間がやってはいけない第一の行為として捉えられており、「儒教」精神の影響もあって、自分の親より早く死ぬこと自体が第一の不孝であることから、とても許しがたい行動とみなされているのである。

　つまり、韓国社会において自殺を選択するということは、自分の無罪を主張するための、最後の最後にやむを得ずとる手段という性格が一般的であったといえる。したがって、その死の後も、きちんと最後まで調査が行われ、その死が無駄な死にならないように無罪であったことを最後まで証明してあげるという、いわば警察や検察による「恩返し」的な側面をもつことが一般的であったといえよう。しかし、残念ながら、ノ・ムヒョン（盧武鉉）元大統領の自殺とその後の政府の対応を見ると、どうも昔の韓国型の「自殺」への対応ではなく、日本型ともいうべきものに近づいているように感じられてならない。というのは、元大統領の自殺後、すぐに調査終了が発表されたからである。これは、確かに罪はあったけれどもこれ以上は問わないという日本型と同じであり、今までの韓国でのやり方とはやや異なる対応であったといえよう。韓国社会でもケジメの処理の仕方として自殺を受けとめる、日本型に近づいているように思える。

　韓国では、死は真っ黒な世界を意味し、安易に口にしてはいけない終わりであり、そこで話がきっぱり切れるようなおしまいを意味している。誰かが死んだ後は決してその人の死だけでなく、その人に関する一切の話をしないのであり、その人が生きていたときの思い出さえも口にしないのが死んだ人に対する最小限の礼儀として理解される。もし不幸にも早くに死んだ友人がいたならば、久々の同窓会に集まった1人ひとりの心に彼の記憶が鮮明に残っていたとしても、集まった友達同士の会話では絶対に彼のことはあえてふれないのが韓国での一般的な様子である。韓国において死は、安易に語ってはいけない、ある意味神聖な儀礼であって、知り合い同士でも話すことはなく、自分の心の隅に置いて閉ざしておくのが故人への友情であり、礼儀である。ましてその死が自殺であるならば、もっとそうであろう。

一方、日本の死はその死が自殺であれ、事故死であれ、必ずしも否定的な真っ黒でおしまいではなく、まるで今もなお生きているかのように彼の姿を語り合うことによって彼の死を悼み、友達同士で話し合いながら思い出してあげることが一種の礼儀であって、死んだ後には彼のよい面やよかった思い出だけを話題にすることが立派な友情であるといえる。

　OECD加盟国のなかで韓国と日本が自殺率第1、2位になっているのは、とても残念で不幸な結果であるということには異論があるまい。しかし、日韓の死に対する受け止め方やそのイメージの違いを知ることによって、死に対するそれぞれの国の社会的合意や暗黙のルールを理解することができよう。死のイメージとは、その国の人々の心の根底にある一種の精神性を知ることであり、一番人間的な生の国民の意識や感情の表れであるといえよう。日韓における人間の死に対する否定・肯定のイメージを超えて、特に自殺率の高さについて十分に議論することを通じてその原因の分析とともに、自殺率を下げる努力に力を入れることが緊急の課題であるといえよう。

9章

不思議なニッポンの文化と意識

50.「自己責任」論の広がりとその前提条件

　近年、日本社会において「自己責任」論が流行である。「自己責任」という表現は、各種マスコミや雑誌など、最近においては政治家などによる言葉としてもよく耳にする。また、企業組織における従業員のキャリア形成のやり方においてもよく使われるようになった。特に、ここでは、日本の企業組織における最近の「自己責任」論の広がりを中心に整理してみたい。

　昔から日本社会では、個人ではなく集団によって意思決定や成果への評価などがなされてきた。日本型雇用システムの下で、新規学卒一括採用方式で入社した後は、企業が用意してくれる多様な研修制度と各種セミナーを受けながら、頻繁なジョブ・ローテーションによってキャリア形成がなされてきた。これを日本企業における「企業任せのキャリア形成」という。かつての日本企業では、個人の意思や希望などとは関係なく、企業組織によって設定されたレールの上に乗るだけで、自分のキャリアが形成されていくことをもっとも望ましい姿として考えていたのである。しかし、ご存知のとおり、近年の雇用形態の多様化（非正規化の拡大など）や働く人々の意識の変化、グローバル化の進展などにより、昔からの日本型雇用システムを維持できなくなったこともあって、このような「企業任せのキャリア」形成が大きく崩れてきているのである。その代わりに、いわゆるキャリア形成における個人任せ、つまり「キャリアにおける自己責任」論が徐々に広まりつつある。

　そもそも、キャリア形成における自己責任論がなぜ近年広まってきたので

あろうか。それは、筆者にいわせると、自発的で肯定的な発想からではなく、あくまでも昔からの企業任せのキャリア形成をこれ以上維持できなくなったことによる、いわば経営サイドの「責任逃れ」的発想によるものであるといわざるを得ないのである。

　本来、企業経営とは、自分の従業員に対するキャリア形成に企業自らが責任を負うこと（労働のCSR）で、従業員との労使関係における協力を得ながら事業を運営し、結果的に成果を生み出すことを目的とするものであるといえよう。つまり、働く人々の権利としての「キャリア権」の発想が提案されることもあって、少なくとも企業には、従業員のキャリアを形成することで能力開発や技能（技術）向上を図っていくべきであるという、いわゆる「労働CSR」の責任があるといえよう。学生が企業に入社するまでは、企業ですぐさま通用するような知識や技能をもってほしいと大学教育の中身を非難していたのに、企業に入ってからは働く従業員個人にそのキャリア形成の責任を任せようとする、キャリア形成における「自己責任」論の広がりは、まさしく企業による「責任逃れ」であり、「従業員イジメ」にほかならない。

　しかし、考えてみれば、企業が従業員個人の自己責任を問うのであれば、少なくとも企業が従業員に対して基本的な責任を果たした後でなければならないだろう。企業には、従業員個人の自己責任を問う前に、自らの組織について整えておくべき基本的なことがら（「前提条件」）があるのではないか。

　この「前提条件」をきちんと整えない限り、企業によるキャリアに関する「自己責任」論の話は「本末転倒」であるといえる。それでは、この「前提条件」とは何だろうか。それは、組織内の基本的な制度やルールの整備、情報公開、そして組織公正性の確保などが考えられる。つまり、働く人々が同じ土壌でスタートできるようにするということであり、従業員自身がその組織の一員として必要とされるキャリアを設定できるように、組織に関する基本的な情報が公開されていなければならないということである。このように一定水準の組織公正性が確保されない限り、安心して働くのは困難であろうし、自分の能力を発揮できないだろう。仮にある従業員が成果を出したとし

てもそれに対する評価基準が曖昧である（＝組織公正性が確保されない）ならば、結果的に仕事への不満につながることは明らかである。そのような意味で、近年日本の企業における「自己責任」に関する議論の広がりは、「前提」が整備されないままの「空の議論」であり、日本の企業による「責任逃れ」的発想であるといわざるを得ない。企業は従業員のためにやるべき責任をきちんと果たすこと、そしてキャリア形成における「前提条件」整備への責務をきちんと果たさなければ、今の「自己責任」論は、いずれは日本の企業への非難の種になることは間違いなさそうである。

日本社会における昨今の自己責任論の蔓延は、いずれ日本の企業の組織競争力の低下をもたらす危険な発想であるように思う。社会や企業が働く人のために整えるべき基本的な前提条件は、何よりも人材の育成と能力の開発を図るキャリア形成のために必要不可欠と考える。今まで日本の企業は国際的な舞台において他国の企業と争ってきたわけだが、これからも他の競争相手と戦って勝ち残るための必須条件は、働く人のキャリア形成を充実させること以外にないであろう。

51. 日本型「責任」構造の変容

日本人ほど約束をよく守る民族はほかにはおそらくいないだろう。約束を守ろうとすること自体はとてもよいことであり、人間社会において大切な慣習である。しかしながら、多くの日本人の約束を守ろうとする行動を見ていると、かなり特殊で無理をしているように思える。例えば、多くの日本人は約束の時間よりかなり早い時間にその約束のある場所に行き、決められた約束の時間になるまで待つ。このような行動を見ると、やや違う観点から日本人の行動パターンが見えてくるかもしれない。それは「責任」の構造との関連である。

日本の社会では、「他人に迷惑をかけない」（約束や時間を守る）ことがとても重要視されていることはよく知られていることであろう。「他人に迷惑を

かけない」という表現には、他人を優先し配慮するという側面がまったくないとはいえないが、この他人に迷惑をかけない、かけたくないということの背景には、実は他人との関係性においてなるべく余計な「責任」を負いたくない（いわれたくない）という否定的な発想が存在するのではないか。

　そのような意味で、日本人の約束を守ろうとする行動、すなわち他人に迷惑をかけない、かけたくないということには、日本人が他人との関係性において「責任」をどのように捉え、どのように対応しようとするのかという、日本型「責任」構造の精神性がうかがえる気がする。日本社会においては責任をとることに積極さが足りないということが指摘できよう。しかし最近では、責任概念について日本社会の時代的背景や状況の変化により、一定の社会的変容が起こっている可能性もあるのではないかと考えられる。

　また日本社会における責任の捉え方や受け止め方には、外国の社会とやや異なる一種の抵抗感というものが存在するのではないか。それは特に政界の責任者や企業の最高経営者になるとその抵抗感が前面に出てくるようである。昨今の政界の権力者たちの不祥事を原因とする政治不信や財界の経営者による不正の事後処理（責任の取り方）の展開を見るとまさしくそうであると感じる。むろん、政界や財界における不正に対しとるべき責任の処理の仕方やそこでの不条理は、別に日本社会だけの話ではあるまい。しかし、ここで指摘したいのは、責任自体ではなく、その責任の捉え方や取り方、社会からの受け止め方に諸外国との違いが見られることであろう。

　現代における日本の責任構造が変容したのは、第2次世界大戦の敗戦後、戦争への責任が大きく問われ、それ以降の日本社会における責任というものに対する捉え方に歪みが生じ、責任というものはなるべく取らないもの、取りたくないものとして定着したためではないか。つまり、日本社会の責任をとることへの一種の抵抗感は、戦争に対する責任から生まれたのではないかと考える。責任をとることをリスクとしてとらえることで、責任とはなるべく逃れるべきものであるということになってきたといえよう。現代の日本では、責任逃れ的発想が頻繁になされていることを考えると、責任からなるべ

く大きく離れておくことが望ましいことであるかのように思われているのではないだろうか。

　昔韓国にいたときに聞いた日本の社会の話では、当時の韓国社会と違って日本社会では経済犯に対する厳しい判断が下されると評判であった記憶がある。韓国では、事業を起こしたものの不正などにより失敗した場合、すべてのケースではないが、大したこととして捉えることはなく、いまだに経済犯に対し日本とは違って一定の甘い評価があるように思われる。昔の日本においては特に経済的な犯罪に対しては厳しい判断があったが、今の日本はどうだろうか。ここで詳しく触れる余裕はないが、例えばいわゆる「ホリエモン」事件に対する評価は、必ずしも厳しいとはいえない側面があるのではないだろうか。もちろん経済犯といっても多様な原因とケースがあるので一概にはいえないが、最近の日本においては、経済犯にしても政治犯にしても昔より責任の追及が多少緩んできているような気がする。歴史的に見ても、日本社会において「けじめをつける」ことが重視されたのは、サムライの世界だけではなかったはずである。

　例えば、グローバル・スタンダード的にいうならば、本来責任を取るべきなのは、明らかにその組織のリーダーであることは否定できない常識であろう。しかしながら、近年日本のマスコミや新聞などで報道される多くの不祥事事件の処理過程を見ていると、その組織のリーダーが責任を取ることから逃げているケースが少なくない。一社員が起こした不祥事の責任をその仕事上のすぐ上の上司に取らせることは間違いではないが、その上司にどれだけ実際の権限があったのかという疑問があり、結局最終的にはその組織の最高責任者であるリーダーが取るべき責任なのではないだろうか。このような責任に関するグローバル・スタンダード的常識とは違って、実際にはほとんどすべての権限を握っているにもかかわらず、自分自身は知らないふりをするリーダーが多く存在する今の日本社会を見ると、やはり責任を取ることについて日本的思想や価値観の変容が見られ、その日本的特殊性が感じられる。黙って信じてついていけるような信頼できるリーダーは、もう日本社会には

少なくなっているような気がするのである。

　責任とは本来リーダーであれば、自ら進んで積極的にとるべきものであり、その責任をとるべき状況から逃げられる穴が存在するような社会は不公正な社会である。今の日本において責任をとることに積極的でなく消極的になってきているのであれば、それは決して望ましい姿とはいえないのではないか。そして日本に自分のとるべき責任を積極的にとろうとするリーダーが少なくなってきているという現状は、責任逃れ的発想の社会的広がりの証拠でもあるといえよう。

　人間はそのおかれた立場や起こっている状況によっては、たとえいやであっても進んで自ら責任をとらなければならない場面がある。実際、そのタイミングを間違えて自滅している場面もしばしば見られる。つまり、責任をとることには、タイミングというものも重要であるということであろう。今の日本社会では、多くの責任ある立場の人がこのような責任逃れ的発想にさらされ、適切なタイミングをとれずに、次々と自滅していくのを見るのは胸が痛い。少なくとも自分がやったことや自分が深く関与したことの結果として、責任の余地が発生しているのであれば、進んで堂々と責任をとるべきであろう。それが責任ある立場の人間がとるべき正しい行動ではないか。タイミングよく責任をとることで、自滅リスクを防ぎ、真の自由や権限、名誉を取り戻せるのではないだろうか。今のような日本型の責任の捉え方には多くの疑問がある。日本の社会が、責任とは何か、誰が、どのように、どのタイミングでとるべきなのかということについて、しっかりと見極めていた先人たちの知恵を取り戻すことを期待する。

52.　日本の「見える化」は日本人を幼児化させる

　人間は誰しも、見えない状況よりも目に見える形の方を好む傾向がある。また、わかっていてももう一度説明してもらったり、喚起してもらったりすることを好む傾向も確かにある。見えるようにしたり、いちいち説明したり

することが好まれるのは、物事をうまく自分の脳で判断できない小学生くらいまでは、特に有効であるといえよう。

　日本で電車に乗ると、不思議なくらい丁寧に説明してくれる。一般的によく説明してくれること自体は決して悪いことではあるまい。仮に大人であっても、状況がよくわからないときは丁寧に説明してもらうと実にありがたい。

　しかし、それにも限度があるであろう。いくら大事で重要なことであっても、あまりにも何度もしかも細かくいわれると、時にはむかつくこともあるだろう。そんなことはわかっているから、もう止めてもらいたいという気持ちである。

　ある日、乗っていた電車の隣に座っていた家族の幼い子供が、「……です、……です」と何回も繰り返す車内放送に対して、「何度も何度も言わなくていいのに！」とつぶやいている小さい声を耳にして、本当にそうだと思った。

　空気を読めないで大声で笑っていたり、平気で化粧をしたり、くちゃくちゃとこぼしながら食べていたりする連中を見ていても、誰も注意することができない社会になってしまった。そういった警告のお知らせはできないのに、大人たちに「暑いから、窓を開けて外の空気を入れて！」、「座席は何人がけなので、譲り合っておかけ下さい！」などとアナウンスをするのは本当に必要であろうか。

　本当に必要なのは、やむを得ない急停止のときの素早く丁寧な原因と状況の説明であって、もう危ないことは十分にわかっているにもかかわらず「危険ですので黄色い線の……」と毎回、毎回聞かされていると心細くなってしまうのが人間ではないだろうか。電車は遅れてばかりなのに、常に申し訳ないと謝られるだけで何にも改善なんかできていないのが腹立たしい。

　実に「やり過ぎないこと」の大切さを実感する日々である。何でも「全力でやること」だけが価値があるわけではないはずである。「やり過ぎ」の結果、大けがをしたり、失敗をしたりして、スポーツ界を去る選手を私たちは何人も見てきたはずである。

　やり過ぎた「見える化」はますます日本人を幼児化させ、ちょっと見えな

くなったらすぐさまいらいらしてしまうのが見える化に慣れた結果である。何でもいってくれる、何回も見せてくれる過剰な見える化より、我慢と忍耐、見えないものへの探求心、普段の生活でちょっとした想像力を発揮することなどが問われる時代ではないだろうか。

　いちいち説明して見せてくれる日本型「見える化」に馴染むと、忍耐力が弱くなるばかりでなく、ちょっとしたすき間にも我慢できずにいらいらしてしまうようになってしまうのである。システム化されたやりすぎの日本型見える化によって、日本の大人はどんどん幼児化していく。世の中は見えるものだけで成り立っているのではなく、見えないものもちゃんと存在していることを忘れないようにしたい。何でも見える化して、見えないことに対する想像力を磨かなくて済む社会システムは決して住みよい社会ではないのである。

53.　日本はいわゆる「信頼」社会なのか

　先日、東京のあるバーで少し飲んだが、その後お勘定を尋ねると切り取られたメモ用紙に5,800と書いてあった。ウイスキーを3杯飲んだから一杯で約1,700～1,800円程度かなと考えるとやや高いが、まあまあよいのではと納得して店を出た。

　先日のバーでの体験に限らず、思い起こすとこのような場面はよくある気がする。これがいわゆる「明朗会計」ということかと思えばどうということもないのだが、世界の大都会東京のど真ん中のしゃれたバーでのお勘定の出し方としてはどうも物足りない感じである。

　いまだにクレジットカードを使えない店も多く、このように一個一個の値段も書かないでポンと総計だけを出されても信じるしかないのだが、どこかすっきりしない。

　要はなぜいまだに日本でこのようなやり方をとるところがあるのかということである。日本はいわゆる信頼社会なのだろうか。長く付き合っていてこ

ちらを信頼しているというのであれば話がわからないこともないが、初めて入った店で、お店を信じろといわれてもこちらが困る。本当に信頼してくれるならお勘定は次回にとか、今日初めて来たけど2,000円しかもっていないので、残りは次回払うよとかができるのであれば、信頼といっても少しはわかるような気がしなくもないのであるが（笑）。

　また話は変わるが、あるコーヒーショップでの風景。みんな同じような若者同士がいっぱいいるなか、ちょっとした時間お手洗いに行くのにも必ずいちいち自分の荷物をもっていく風景が目に入る。また他の日の風景。場所は同じコーヒーショップ。午前のせいか、お客は学生風の若い女性と筆者だけ。じっと私を振り返って自分の荷物を全部もってトイレに入った。2人しかいないのにわざわざ荷物をもってトイレに行くなんて、何だか私がまるで泥棒のような扱いじゃないか。私を信じないってことか。それはそれでいいけど、これではとても信頼社会とは呼べないのではないか。いつからそうなったのだろう。何でここまで周りを信じないようになったのだろうと思うと、胸のどこかが寂しい。これが21世紀、2014年の東京の風景である。

　そこでふと考える。筆者が東京にいた学生時代、1988年か1989年あたり、あるいは1990年代前半まではそうではなかったような気がする。私の錯覚なのだろうか。当時はトイレに行くときなんかには荷物までもたなかった。そこでまた思う。先月行ってきた韓国でも同じような場面があった。みんな平気で荷物などを残してトイレに行ってくる。携帯も高そうな時計もパソコンも上着も全部そのままにしてトイレに行ってくる。これをどう解釈すればよいのだろうか。

　筆者の見た光景はたまたまなのかもしれないけれど、なぜ20年ほど前とはすっかり変わってしまったんだろうと思う。日本にはその20年の間に何があったのだろうか。

　単純にいえば、経済的不況により生活や未来への不安が広がり、日本人の精神面においても不安と危機感が大きくなったこと、そしてかつて当たり前だったように隣や周りの人を信じることができず心細くなってしまったとい

うことなのだろう。経済的疲弊のせいで精神的余裕をもてなくなり誰も信じられなくなったのではないか。

　問題は、他人を信じないと社会の人間関係が辛くなり、すべてに自己責任という名目で自分が責任を取らなければならなくなる傾向が強まることであろう。最近話題になっている「自己責任」論の広がりとは、このように日本の社会の普遍的信頼が崩れてきた「随伴的結果」であるのかもしれない。いわゆる日本の信頼構造の変容は、社会に行き過ぎた「自己責任」論を流行させながら、硬直された人間関係と社会的不安の拡大をもたらしているのではないかと感じる。

　日本の社会に高い信頼感と安心感を望むなら、従来の限定された日本的信頼構造への反省と国際世界に通用する普遍的信頼への理解とその採択を試みることを提案したい。ここでいう普遍的信頼とは、日本社会に閉じこもった思想を超えてグローバル化の流れを理解した上で、情報の公開を大前提とする説明可能な水準の関係性を構築することを意味するのである。日本社会だけに限定されて通用するような信頼構造は時代遅れの思想であって、国際世界に通用しない可能性がますます高くなってきている。日本の社会はこれ以上特殊な日本的信頼に固執することなく、世界に通じる普遍的信頼を定着させていくことが今後の緊急の課題であるといえよう。

54.　日本の「ジャンケン文化」―物事の決め方としての「ジャンケン」―

　日本人はジャンケンが大好きなのかと思うことがある。何かを決めるとき、適当なやり方がない場合、結果を出すための方法としてジャンケンはよいかもしれない。しかし、ジャンケンで出た結果をそのまま素直に認めて従うのは、場合によってはやや物足りない方法ではなかろうか。

　昨日、大学のゼミの時間に先輩が後輩のためのゼミの説明会の発表者を決めなければならないことがあった。責任重大な役目であるが、みんな忙しいとか、用があるとか、バイトが入っているなどといって、なかなか決められ

ない状況だった。そのとき、何人かの学生からジャンケンで決めれば、という話が出た。さすがにジャンケンをすれば、必ず結果は出るだろうし、そうなればすぐさま決まるだろう。しかし、どうだろう。ジャンケンで決まった結果しぶしぶやるよりも、時間は余計にかかるかもしれないが、何とかもう少し、自分がどうしてもできない理由をみんなに認めてもらったり、Aさんがやった方が望ましいとか、誰がふさわしいのかなどについてじっくり話し合ったりして、結果を出した方がよいのではないかと感じた。

このような場面において、韓国人はジャンケンをしない。自分の主張が強すぎて喧嘩になる場合もたまにあるが、何とか対話するなかで自然に結果を出していくのが韓国式である。なぜなら、ジャンケンで負けた結果として引き受けるくらいなら、最初から気持ちよく引き受けた方がよいと思っているからである。

もちろん、実は誰でもよいとか、いつやってもよいときや順序だけを決めるときならば、ジャンケンは便利な方法かもしれない。

気になるのは、日本人の間には物事を決めるとき、特にいやなことを引き受けなければならないときに、このジャンケンが「文化」になっていることである。「ジャンケン文化」は、日本人の日常生活に深く馴染んでいるように思える。ジャンケンのそのやり方自体に問題があるわけではないが、何ごともすぐジャンケンで決める「ジャンケン文化」にはやや寂しい感じがしなくもないのである。

対話を通じてとことん議論をし、自分の考えを正確に相手に主張したり、相手の都合や言い分などをも丁寧に聞いたりしているうちに、自然に譲ってもらったり、配慮してあげたりという、複雑な人間関係のなかでうまく物事を決めていくプロセスの大切さ、いわゆる「協商の美学」を味わってほしいところである。

今はスピードが問われる世の中であろう。忙しい日々、物事を決めるとき、どうせ決めるなら素早くジャンケンで決めればよいのではと思ったりもする。しかし、単に結果を出すだけが重要なのではなく、人間同士で何かを決めて

いくプロセスもまた重要であるように思える。スピードを要求される世の中であるからこそ、じっくり話を聞いて納得した上で結果を出した方が気持ちよくその結果を受け入れることができるのではないか。「ジャンケン文化」は便利な決め方ではあっても、心のなかでは本当の意味で納得しないまま、しょうがなく引き受けるのではないかと思うと人間味のある暖かいやり方ではないと感じるのである。

いつごろ日本に「ジャンケン文化」が定着したのかはわからないが、もしこのようにジャンケンで決めたいと思っている行為が、他人との人間関係——対話の過程で生じる葛藤や喧嘩、他人との意見調整や妥協、自分の言い分の主張を通すことといった行為——からなるべく逃げようとする気持ちの現れであるならば、そして多様な変化や複雑な関係性を避ける気持ちによるものであれば、個人レベルであれ社会レベルであれ、発展や進化を期待できなくなるのではないかと思うのは、筆者の考え過ぎであろうか。

55. いじめとは何か、日本のいじめ問題への接近

日本における古くて新しい社会問題の1つとして相変わらずいじめ問題が存在し、それをめぐる様々な議論や対策がなされているにもかかわらず、なかなか解答が見えてこないのはなぜだろうか。ここではまずいじめ現象をどのように捉え、どのように理解すればよいのか、日本的いじめの特徴について考え、その奥にある問題を浮き彫りにすることで、今後取るべき改善策について提案することにしたい。

まず、日本の社会に蔓延するいじめをどのように理解すればよいのかについて、長い期間様々なレベルの議論や対策・問題提起がなされてきたにもかかわらず、なぜまったく改善されないのかという問題と関連して、筆者が思いついたことを少し整理してみることにしたい。いじめには、他の国には見られない「日本的いじめ」ともいうべき特徴があるのではないかと考える。日本的いじめの根底には、何よりも「継続性」と「エスカレート性」がある

ように思われるのである。

　一般には、特に子供（小中高）の世界においては、どの国、どの時代においても、その中身と様子はそれぞれ異なっていたとしても、いじめという問題は必ずあるといってよいであろう。しかし、日本のいじめが他の国や社会のいじめと異なる点があるとすれば、それは一回性あるいは短期性ではなく、かなり長期間にわたること、しかもますますエスカレートしていく継続性があることではないかと考える。

　普段、子供たちが、自分と少し違っていたりみっともなく見える子、弱そうな子、面白そうな子に対していわゆるいじめてみたいという気持ちになることは、ある意味人間としてごく自然なことであると思われる。一般にはそのような行為は一回性であったり、短期間で終わることが多い。いじめられた対象の反応とそれを容認する他の連中の反応を気にしながら、次第に中止されていくのが普通の典型的なパターンであろう。もちろんそのような短い期間の行動であっても決して許されるものではないのだが、日本のいじめは、上記とはやや異なる傾向や中身を見せることが多い。

　日本のいじめを見ると、強烈な集団性をもち、しかもエスカレートしていく継続性が、結果として悲劇を生みだす決定的な要因となっているように思われる。したがって、いじめ問題への接近は、どうしてもこのエスカレートする持続性をどう抑えるかに重点を置くべきであると考える。

　いじめ問題へ接近する際に考えられる１つの対策として、教師（先生）の地位や権限を取り戻す（回復させる）ことを含む、教師の教育的な役割の改善を提案する。多くの場合いじめの第１発見者は、教師である可能性がきわめて高い。その第１発見者である教師が今のままの権限で対応しようとしてもなかなか通用しないのが悔しい現状であろう。子供たちが先生のいうことを聞かなくなったことが、今のいじめ問題への対策が機能していない大きな原因ではないだろうか。少なくとも先生のいうことを聞く状態であれば、いじめ問題の悪質な側面である継続性に何らかの形で歯止めがかけられるのではないか。歯止めをかけることが何よりもまず必要なのは、いじめの発生原因

や広がりの様子など、いじめ自体にも様々な問題があるなか、いじめが一回性や短期性にとどまることなく継続的に行われることこそが、実に深刻で悪質な問題にまでエスカレートしていく一番の原因になっていると思われるからである。

　昔の日本では、職業としての教員（先生）が今よりも尊重されていた。先生による定期的な家庭訪問もあったし、自分の親たちが学校に行って担任の先生や校長先生に感謝や尊敬の気持ちから頭を下げる姿を見て子供たちは育ってきたといえよう。今はどうだろうか。すっかり変わってしまったような気がする。自分の親が尊敬していない先生を子供たちが尊敬するだろうか。まず親が子供の担任の先生や校長先生を尊敬し、信頼して、学校生活や教育方針などを認める姿を見せることによって、子供たちも自分の先生を信じ、いうことを聞き、叱られたり、褒められたり、止められたりしたときに、ちゃんと先生のいうことを聞くようになるのではないか。このような関係であれば、先生がいじめを初期に発見したときにもその継続性に歯止めをかけることができ、いじめ問題の改善に向けて少しでもよくなる可能性が生まれてくるのではないだろうか。昔のように子供の教育を担う先生が社会から尊敬される時代が再び訪れることを期待するものである。

　昔の韓国社会では、「王様と自分の親と先生は一体」であるとする考え方が浸透していた。これは、儒教の精神が根底にあるが、王様への忠誠心、自分の親への孝行心、先生への尊敬心がどれも同じように尊重されるべきであるということを強調した考え方であるといえよう。先生は、自分の親や国の王様と同じように尊敬されるべき対象であったのである。教員への尊敬心は教養や知識の教育を受けることの大切さから生じていたのであり、先生のいうことを聞き、謙虚に従うことが礼儀として受け止められていたのであろう。教員の地位と権限を取り戻し、教育のあり方と存在価値を再認識することによって、教員の教育的役割が広く認められるようになれば、教員がいじめ問題への解決にも決定的な役割を果たす可能性は十分にあるように思えるのであり、いじめ問題の解決のためにもっとも望ましい方向であるように考える。

第IV部

不思議な社会・ニッポンのその「未来」を考える

10章

ニッポンの「未来」のための助言

56. 戦略と戦術を考える―戦略と戦術の混同―

　戦争などの軍事行動の際に欠かせないのが、戦略と戦術である。私たちは戦略的に動かなければならないとよくいわれる。しかし、実際には、戦略と戦術を混同して使っている場合が多い。つまり、私たちが日常で「戦略的」というときには、実は「戦術」レベルの話だったりするのである。

　戦略と戦術を間違ってはいけない。簡単にいえば、戦略は「何をするか」を決めることであり、戦術は「どのようにするか」を決めることである。つまり、何をするか、どこに向かっているのか、どこを見ようとしているのかという「戦略」を決めないで、先にどのようにするかという「戦術」、つまり「方法論」ばかりを探すのでは、「本末転倒」になってしまう。

　戦略とは、どのような会社になるのか (what kind of company we will/should be) を決定することであり、自社が保有する希少な資源の配分問題（resource allocation）が焦点になり、それには常に優先順位の決定問題が重要となる。"どのような会社になるのか"は、その内容から考えると、会社が目指す目標、会社が追求する事業（製品やサービス）、狙う市場、競争の方式、そのような諸計画を実行するための組織デザインなど様々な戦略的要素の選択（selection）と統合（integration）の問題であるといえよう。戦略の核心とは、"資源の配分、つまり優先順位の選択"（what to do と、what not to do の決定）の問題であるといえる。

　私たちはまず何をし、何をしないのか（what to do と、what not to do の決定）、

わが社はどこを見ようとしているのか、わが船はいったいどこに向かって（狙って）いるのか、あるいは何になりたいのか（どういう会社になりたいのか）という「目的」「目標」を先に決める（考える）べきである。目標・目的を決めたら、私たちはその目的・目標を実現するために、どうするか（＝方法・戦術）を考えることが大切である。

　通常、サッカーや野球のようなスポーツでは、戦術がよく話題になる。戦略云々はあまりいわない。なぜなら試合では、戦略はすでに決まっているからであろう。その戦略とは、まさしく目的であり、目標であるので、「勝つ」ことしかないはずである。したがって、多くの試合では、戦略について考える必要がないのである。常に戦術にのみこだわるのである。どうすれば勝てるかを考えるのみである。通常それが戦略と戦術の理解の正しい仕方であろう。

　日本の企業が国際的な展開のなかで他の企業との戦いに勝ち残るためには、当然のごとく経営戦略と事業戦術をよく機能させる必要がある。日本の企業が世界の舞台において一般によくいわれるのは、生産や製品開発で勝っても、マーケティングで負けているということである。それではなぜこのようなことが起こるのであろうか。

　やや大げさにいうならば、多くの日本の企業はその戦略と戦術をあやまって理解しているのではないか。自社がもつ経営資源をプールしつつ、経営的目標を達成するために、その限られた経営資源を適切に配分しタイミングよく投入するのが戦略であり、ターゲットをどの市場にするのか、そこでどのように戦うのかを決めるのが戦術であるといえよう。したがって、日本の企業が世界市場で他の国の国際企業に負けるということには、「何をするか」と「どのようにするか」を区別しないで戦っていることを意味している。つまり、どのようなサービスや製品を作りたいのかに関する作業と、そうして作り出したものをどのように売り出すかに関する作業は、まったく異なった次元の作業であるという厳密な区別・理解にある種の失敗をしているのではないかと感じるのである。

よいものさえ作り出せば、いくらでも売れた時代が確かにあった。今まで日本の企業は、よいものを作り出すことに集中するあまり、それをどのように顧客に届けるのかについてあまり悩んでこなかったように思える。しかしながら、今のような細分化された時代には、よいものを作り出すことも確かに重要ではあるが、それをどのタイミングでどの地域を優先してといったターゲット・マーケティングが大変重要になってきたように感じる。トヨタが特にヨーロッパ市場において韓国の現代自動車に比べて苦戦していたり、ソニーやパナソニックがアジアや北米市場で韓国のサムスン電子相手に苦戦している現状は、製品やサービス戦略では勝っていてもその後のマーケティング戦術で負けているということであり、戦略と戦術の正しい区別・理解がどれだけ重要であるかを物語っているといえよう。

57.「そもそも論」VS「どうする論」―議論への接し方と進め方―

議論をするときに、「そもそも論」と「どうする論」がぶつかり合う。「現実（実態）」を中心に、重要なのは「根本（前）」なのか、それとも「解明（後）」なのだろうか。当然ながら両方とも重要だろう。しかし、この2つには少し違う考え方とアプローチの仕方がある。世の中の様々な物事への接近の仕方には、その物事について、そもそもどうなっているのか、何が問題で何が大切なのかに興味がある、「そもそも論」と、どうするべきか、どうすれば問題への接近や解決に少しでも貢献できるのかに興味がある、「どうする論」がぶつかり合う場面が多い。

　物事への接近には、この2つの異なった考え方が両方とも必要であるという大前提のもとで少し考えてみたい。世の中で起こっているほとんどすべての物事には、とても理解や解明が容易ではないことが多いはずである。しかし、今の世の中は、ひと昔前より、解明への期待の方がまさっているせいか、回答を求め待ちきれないで結果を急ぐ傾向が増えてきた気がする。もちろん、早い解明や解決が必要なこともあるだろう。また、変な誤解が広まることを

防ぐためにも早急に答えを出すことはとても重要であろう。しかしながら、一般には、それを解明し解決しただけでは、多くの場合完全な解決に至らない方が多いのではないだろうか。

　物事については解明という結果も大事であるが、真相を知ることも大事である。そこに至る経緯や過程、そして背景に何があったのか、そこへの接近には何が大事で何が大事でないのかなどを考えることが大切である。場合によっては、表面に見えている現象より、その根底に何倍も何十倍も深いものが発見されたりもする。場合によっては、表面的な現象とはまったく無関係のように見えるものが発見されたりもするのである。

　すべての物事は、まず現象と現状を正確に把握することが重要である。そのあとで、どのように対処するか、どうすれば再発を防げるのかを検討すべきであろう。そしてさらに重要なのは、それが何を意味し、何を私たちに伝えようとしたのか、それを理解するために何が重要で何が重要でないのかを知ることであろう。物事について広く大きく見ることも重要であろうが、もっと重要なのは、深く掘り下げていくことであって、私たちが物事を考えるときや、議論を進めていくときに、とても大切である。情報の洪水のなかから、肝心な情報を探し出すためには、やはり「そもそも論」によるものの考え方が大変重要であるといえよう。

　ひと昔前と違って、世の中の関心は、プロセスより結果に重点を置き、スピードを期待し、わかりやすい回答にのみ関心が集まるようになってきている気がする。つまり、「どうする論」を重視する傾向が強まっているように思えるのである。「そもそも論」は、目に見えないところまで掘り下げる地道な作業が必要なのである。しかし、この退屈で面倒な作業を避け、急いで結果だけを求めるのは危険である。なぜならば、世の中の物事のほとんどがそのような退屈で面倒なことから成り立っているのだから。世の中に存在するあいまいで不思議で不透明な事件や物事の根底に存在するものが何であり、どのような意味をもつのかについての真剣な議論がなければ、中途半端な議論になってしまうのではないだろうか。今の時代にも、「そもそも論」の有

効性は変わらない。

　日本は会議が実に多い社会であるといわれる。会議で始まって会議で終わるともいわれる。しかし、もう少し考えてみるならば、日本の会議には会議だけがあって、議論が足りないのではないかと感じる。議論のない会議は時間の無駄である。その議論には当然のごとく「どうする論」のみならず、「そもそも論」も必要であることはいうまでもあるまい。「そもそも論」の上に「どうする論」を置くことが、その議論を堅固にするばかりでなく、物事をより正確に理解できるようにしてくれるのである。

58. 良質（肝心）な「情報」を見極める力の培養について考える

　今、世の中には情報が溢れている。情報がありすぎて、目まぐるしいほどである。特に、ネット上の情報はありすぎて困る。
　昔は情報が少ない（足りない）時代であった。それほど大昔の話ではない。せいぜい20年ほど前の話である。20年ほどしか経過していないのに、いろいろな情報が文字通り山積みになっている感じがする。山積みになっている情報の山に登り、どのように掘り下げて真の良質な情報を探し出すのかが真の勝負になっているような気がする。
　その勝負に勝つためには、まず、そもそも情報とは何かについて少し考えてみる必要があるのではないか。情報と似たような意味で使われる言葉としてデータというものがある。データと情報はどのように違うのであろうか。また情報といってもそこにはレベルがあり、多様な観点で眺める必要があるように感じる。
　例えば、1つのデータを入手したとしよう。手に入れた（現に手元に存在する）その1つのデータだけでは、ここでいう情報にはならない場合が多い。いくつかの複数のデータが集まってようやく情報になる可能性が高くなる。しかし情報は必ず質が問われる。つまり、質の高い（良質な）情報と質の低い（ゴミ）情報が存在しうる。情報自体にも質が問われるが、多くの場合は

自分がその情報に意味を与えるかどうかによって質が上がったり下がったりする。つまり、自分にとって意味のある情報が、(あくまでも自分にとって)質の高い情報であるということである。

しかし、すべての人にとって平等に良質な情報というものはほとんど存在しない。ある人にとってはとても意味のある、質の高い情報であっても、他人にとってはほとんど意味のない、ゴミのような情報ということはいくらでも存在しうる。したがって、ここで重要なことは、どの情報が自分にとって肝心な情報なのか、そこにどれくらいの価値を置くのが適切なのかは、自分自身が判断し、正確に受け止め、そして活用するしかないということである。

また、情報は、時間性と場所性も重要であるといわれる。つまり、今必要な情報は時間が過ぎていくこと(時間性)によってゴミ情報になりうるし、この場所でしか必要とされない情報も存在しうる。言い換えれば、時間(期限)切れの情報はゴミであり、場所性と整合性がない(＝関連性がない)情報もゴミである。

情報が情報として成り立つためには、その情報が良質(信頼性の高い)な情報なのか、その時間性と場所性についてどれだけ整合性の高い情報なのかを見極める力が重要であるといえる。

それでは、情報を見極める力というのはどのようにして培養できるものなのだろう。これには、前述の「そもそも論」が効く。そもそもその情報を求める理由を明確に把握することから始めないと山積みのゴミ情報にさらされることになる。そこで先にも触れたように、いつ(時間性)、どこ(場所性)でその情報が必要なのか、どのレベルまでの情報を期待するのか、なぜその情報が必要なのかなど、実に綿密な「そもそも論」の観点にたって考えなければ、肝心な情報を見逃すことになりかねない。情報自体は常に山ほど存在するので、自分にとって今ここで必要とする情報を正確に探し出す力を養うことが重要であって、より質の高い、信頼できる情報の探し方や見極め方を常に意識しながら、その力を鋭く磨いていくことが問われる時代であるといえよう。

先にも述べたようにいくつかの意味のあるデータが集まってようやく情報になる。意味のある情報が集まると今度はまとまった知識になる。意味のあるたくさんの知識が集まって有効に使えるようになることを、私たちは知恵とよぶのである。ここで重要な論点は、意味のあることとは何かということであろう。その意味は誰がどのように判断するのか、またそれは何を意味するのであろうか。つまり、意味があると判断される根拠はどこにあり、どのように評価すればよいのであろうか。多くの情報について、意味があると判断する主体はあくまでも自分でなければならないであろう。自分がある情報について一定の意味を与えることによってようやくその情報は意味のある情報としてよみがえる。また、意味のある（価値の高い）情報の集め方、見極め方、そして与え方には注意を払う必要がある。言い換えれば、情報はその情報自体がもつ意味や価値も重要ではあるが、その情報にどのような特別な意味を与えるかによってまったく異なった次元の情報としてよみがえることも十分にありうるのである。

　＊（参照）情報とは、一定の体系の下で整理された知識に過ぎない。いくら大量の情報をスーパーコンピュータに入力したとしてもそこに思想は生まれてこない。何よりもその情報を批判（評価）する思想が大事であろう。ここが人間の脳とコンピュータのCPUの決定的な違いであるといえよう。

59. 日本の「安心」VSアメリカの「信頼」

　人類の歴史上、日本ほど平和な国はないのではないか。外部から侵略された経験は一度もない。しかし同時に、日本は島国であるため、外国に出て行こうとする感覚があまり育たなかった。自分だけでコツコツとやっていればそれなりに評価されたし、他の国や地域のことをあまり気にせず、自分流に安定を求めて努力さえしていればよかったのである。しかし、時代はすっかり変わり、今は国内を超え、世界に出て行かなければならなくなって、どん

どんグローバル化しているといえよう。自分の周りのこと（日本国内）だけを考えていれば済むような時代ではなくなっており、他の国や地域のことも一種の大事な情報として常に意識しておくことが不可欠となっているのである。

　昔の日本が安らかな社会であったからこそ、そこに住むみんなが求めたのは、「安定（安心）」の状態であったといえよう。安心な状態を保つことがもっとも重視されたし、安心して暮らせることだけを願っていたはずであろう。物静かで変動が少なく、安定して安心な暮らしができ、みんなが幸せを感じながら平凡に暮らしていたといえよう。少なくとも第2次世界大戦以前の近代までは、それがすべてであったといえる。

　しかし、時代が変わり、変化の速度は目まぐるしく速くなったのである。特にグローバル化の進展により、競争もいっそう激しくなってきている。物事の決め方や判断の仕方など、自分流だけでは済まなくなった側面も大きい。他の国や地域との交流や異国・異文化への理解も欠かせなくなった。自ら積極的に物事の状況を理解し、把握しておかないとどんどん遅れていってしまう。現状にとどまっていると周りのすべてが変わって、どんどん自分だけが取り残されてしまうので、この時代をどのように受け止めるのか、適切に判断しなければならなくなった。

　思想としての日本の「安心」志向は決して悪いものではないが、それだけが正しいものではなくなったことに注意を払わなければならない。特に、社会や組織に関しては多くの志向が存在し、また目指すべきものや正しいと判断されるモノサシも実に多様に、しかもどんどん進化していく。思想としての性格を強くもつ日本の「安心」は、ただそれだけを志向するだけでは、もはや「安心」は得られなくなったのではないかと感じる。今後も日本の社会が本当の意味での「安心」を望むなら、これからは多様な側面を取り入れない限り、「安心」な状態は確保できなくなっているのではないだろうか。

　筆者には、「安心」の概念と対比される他の思想（価値観）として、アメリカ流の「信頼」という概念が重要であるように思える。アメリカ社会におけ

る「信頼」とは、どういうものであろうか。ここで、「信頼」とは何かについて少し整理しておこう。まず、「信頼」とは、ある程度時間性（歴史性）を要するものであると理解されよう。会ってすぐにお互いの「信頼」が生まれることはまず考えられない。要は、ピンポンゲームのように、一回こっちから与える（発信する）と、必ず向こうからの応答（帰ってくる）があるような状態を想定すればわかりやすい。こっちから行ったら、必ず帰ってくることが時間性を通じて予測され、裏切られない程度の時間性と確実性が一定の水準に達した後、ようやく「信頼」というものが生まれてくるのである。一般に「信頼」とは、予測可能な状態をさす言葉である。予測可能な状態とは、相手のことのすべて（ほとんど）をわかっている状況でなければならない。つまり、「情報の公開」が大前提になっていることはいうまでもあるまい。

アメリカ社会の「信頼」は、徹底した情報の公開という大前提によって成り立つ把握可能な社会、予測可能な社会なのである。その意味で、周りを気にせず自分流でコツコツとやることで確保してきた日本の「安心」とは異なる。しかし、安心と信頼という異なった2つの価値概念については、どっちがよいか、あるいは優れているかという議論は重要ではあるまい。

ここで重要なのは、今のような世界経済の低迷や世界的不況の進展のなか、雇用の危機について考える際に、アメリカ流の「信頼」というものが私たちに教えてくれる意味は大きいのではないかと感じるのである。労働市場において、安心ではなく信頼を確保することが重要であるように考える。労使協調だけではなく労使間信頼を築き上げること、政治への安心よりも信頼された政治文化を築くこと、人間関係への安心よりも信頼の関係性を築き上げていくことで、昨今の雇用の危機的状況から少しでも脱皮することが可能であるように考える。そしてその際には、上述のように「信頼」への第一歩が「情報の公開」から始まるという事実は、いうまでもない大前提であることを忘れてはいけない。

今日、アメリカ社会が手に入れた高い信頼は、契約社会から信用社会へ、最終的には信頼社会へと発展してきた成果といえよう。一方、日本の安心は

昔からの平和な状況によって保たれてきたのではあるが、現代においては、その安心の担保がゆらいできており、常に不安と安心の狭間に悩まされているような気がする。

　契約の慣行が根づいているとはいえない日本の社会における信頼の確保を考えると、行くべき道のりは遠い。信頼の確保のために日本の社会や組織がやるべきことは多いであろう。時代的状況が変わってしまった今の時代において、安心を望むなら信頼の確保が前提にならないといけない。安心は結果であってプロセスではない。信頼によってこそ、安心が自然に確保されることになるのである。

　雇用の危機に置かれている日本の組織において、労働市場の安心（安定）な状態を求めるなら、アメリカ的信頼の構造を参考にすることを提案したい。労働市場におけるアメリカ的信頼の構造は、基本的にはオープンな外部労働市場の構築によるところが大きく、横断的な労働市場において労働者に高い自由度を与えることと、雇用や仕事の場づくりにおける情報の公開がその前提にあることはいうまでもない。日本の企業社会には、今までのような新規採用市場の進化のみならず、女子労働や高齢者雇用を含む中途採用市場の拡大およびその自由度を徐々に高めていくことが求められるのではないだろうか。

60. 労働慣行における「ニッポン」と「アメリカ」の差異

　日本はいわなくてもわかる社会を好むが、アメリカはいわないとわからないどころか何らかの損をする社会である。日本では自分からいわない人がいい人とみなされるが、アメリカでは強く自己主張をする人が魅力のある人である。

　沈黙は金であり、いちいち物事に口を出さない人を信頼できるとみなすニッポン社会に対して、沈黙は損であり、必要なことは何でもいわせてもらう、その根拠を述べられる人を評価するのがアメリカ社会であろう。

自分のいいたいことをいうと不満とみなされるニッポン社会に対して、いいたいことをきちんといえることを評価し、問題提起として評価するのがアメリカ社会である。
　組織のなかでも、いちいち自分の意見をいわないでコツコツと自分に任された仕事だけをこなしているのをよい人材とみなすニッポン社会に対して、自分の意志や意向をはっきりといい、思っていることや感じてきたことを積極的に提案し、失敗を恐れずに何でも挑戦する人をよい人材として認めるのがアメリカ社会であろう。
　たとえ新人であっても、自身のもつ能力を十分に発揮できる人であれば、それが評価されることで昇進しよりよい仕事を任される、成長可能な社会・アメリカに対して、新規学卒一括採用方式で同時に入社し、たとえ先輩より優れた成果や能力をもっていても、硬直化した昇進慣行によって長い期間なかなか評価されず、成果に見合った賃金・昇進が得られない社会・ニッポン、なのではないか。
　とにかくいわれた通りのことをしていれば、よい仕事をやっているかのように評価され、自分の判断で外に出て頑張って得意先や現場を回って来ても、何だか外で遊んできたような印象をもってしまう社会・ニッポンに対して、むしろ独断で実際の現場に出かけ、いろいろな生々しい現場の声を聞いたり、場合によっては彼らと意見をぶつけあったりして、たまには失敗したり、問題を起こしたりすることがあっても、そのような前向きな行動にはちゃんとそれなりに評価をしてくれる社会・アメリカ。
　また、どのような経験をしてきたか、どのような仕事ができるかが採用の決定的な基準となるアメリカと、どんな大学を出たのか、どんなクラブ活動をしていたのかにこだわって採用の基準とするニッポンという違いもある。
　今の時代、何もかもあいまいで複雑な展開が多くなってきていることもあり、昔のようにいわなくてもわかるような場面が極端に少なくなっているような気がする。情報があまりにもあり過ぎて、どれが真の信頼できる情報なのか判断しきれないことも多くなっているといえる。自ら積極的に物事に対

する意見を述べ、他の多くの意見や情報が公開されて、そしてその意見と情報をみんなが共有し、そこからまた新たな意見や情報の交換が行われて新しいコミュニケーションができるようになることが重要ではないだろうか。その結果、アメリカは世界からわかりやすい国として理解されることが多いが、日本はどんどんわかりにくい国になってしまっているのではないかと感じる。

　ある製品について、100個造ると3個程度の欠陥品が出るとしよう。日本人は、気を引き締めて必死で頑張って、欠陥品ゼロの状態を目標に完璧な完成品を100個ちょうど造ろうとするが、アメリカ人はちょっと多めに103個造ればよいと思っている人種なのである。このように発想ひとつとっても日本とアメリカの違いは明らかであろう。大切なのはどの発想が優れているかではなく、そのような発想の背景にある思想を知ることであって、その思想が実際の組織や社会に及ぼす影響こそがより重要であるといえよう。自分が決めたルールにこだわって、自分で自分の首を絞めるようなことは、組織にとっても個人にとっても決して望ましくないだろう。特に労働慣行における日本のやり方や発想が必ずしも他の国や組織でそのまま通用するとは限らないのである。時代が変われば、周りから日本のやり方も変わることが期待されよう。古くから守られてきた日本のやり方にただ固執するのではなく、異なった文化圏の他の国のやり方も参考にすべきである。捨ててよいものとちゃんと継承していくべきものを分けることが大事であろう。古くからのルールや慣行を守ることも大切ではあるが、時代に見合った新しいやり方への修正や新たなルールを作り上げていくこともとても大事なことではないだろうか。

11章
ニッポンの「未来」のための老婆心

61. 公平性（平等性）VS 公正性（納得性）の議論

　2人の前にリンゴが3つあるとしよう。このリンゴの1つを半分にして、1.5個ずつ食べるのがもっとも正しいと考える思想が、「公平」あるいは一般に「平等」といわれる概念である。2人の置かれた状況や関心事、興味や好みそして能力などをまったく考慮しないのであれば、これはこれで正しい考え方かもしれない。しかし人間社会には異なった考えをもつ人や特殊な能力をもっている人が多数存在しているため、異論や葛藤が生じた場合には、議論や対話という形をとって解決に努めるのが自然な姿であろう。状況がわからないまま、しかも個々人の置かれた状況や関心、関係性や差異をまったく考慮しないまま物事の方向や判断を下すことには少し違和感を覚える。この2人はもしかすると親子なのかもしれないし、あるいは片方の人はとてもお腹が空いているかもしれない。その置かれた状況によって、まったく違う結果（評価）を考えられるのが、私たち人間社会の自然な風景であるように思える。

　今私たちが生きている世の中には、実に多様な人たちが共存し、多様な思想や価値観をもって物事を判断し、行動をしているのであろう。多少変な価値観やモノサシをもっている人もいるだろうし、常識はずれの人もたまにはいるであろう。それが自然な人間の社会の姿であり、だからこそ差異などを議論し、会話をするなかで、喧嘩をしたり、同情したり、妥協したりするのである。

しかしながら、世の中には喧嘩や葛藤の場面を作ってしまうこと自体が望ましくないと考える思想・発想があるかもしれない。なるべくみんなに合わせることや従うことがよく、自分の主張をいい続けるのはみっともないと判断される場合もあるであろう。しかしながら、人間にしかできないことは、喧嘩をしても仲直りしてお互いの立場や見解を認めることで友達になれること、議論や対話の後、素晴らしいアイデアを生み出し、進化（革新）していけることではないかと考える。

　今までの日本社会においては、すべてを平等に扱うこと、差別しないこと、分かち合うことが大切にされてきたといえる。しかし特殊な立場や状況の違いを認めないこと、特別扱いしないことは、個人の差異を認めない可能性が高く、結果として「公正性」が確保されない場合も生み出してきたといえよう。つまり、個人差を認めないということは、すべてを同じように扱うことを意味し、結果的に個々人にあまり文句をいわせないようにしてきたと考えられよう。これは、特殊な事情をもつ個人から見ると、結果的に逆「差別的」発想であり、「責任逃れ」的発想であるともいえるであろう。

　今の時代は、「特別」扱いを「差別」と捉えるのではなく、個人的な「差異」として認める思想をもつことによって、「公正性」を確保する社会を目指すべきであるように思える。ただし、この「公正性」を尊重するためは、一定の「納得性」の確保が欠かせないだろう。ある組織（社会）において、置かれた状況の特殊性が認められ特別扱いすることになった場合、他の人々が一定程度納得できない限り、個々人の個性や事情、個別な差異を認めることは難しいと判断されよう。

　特に今の時代においては、個人の個別的特性が無視された画一的な組織より、個人の差異を尊重する組織の方がより健全で活気のある組織であるように思える。個人のもつ個性をなるべく抑え、1つのチームとしてのまとまった集団性を強調してきた日本の組織においては、個性を認めることによってばらばらに分散された組織になることを懸念してきたといえよう。しかし、組織の活性化のためには、1人ひとりの組織の構成員がもつ資質や関心、能

力の差異を尊重し、相互交流を促進することによって、シナジー効果を発揮し、チームの成果を高めていくことが大切であるように思える。

　これからの組織は、何の問題もないように静かな組織ではなく、各構成員間の多様な意見と活発な議論によって、衝突と葛藤が生じるような、うるさい組織の方が望ましいのではないか。各構成員がもつ率直な意見、異なった見解をぶつけ合う過程を通じて、組織はもっと進化していくのではなかろうか。

　今までの時代は、日本の組織が強調してきたように「公平性（平等性）」を重んじる思想が効果的であったかもしれないが、これからの時代は、「公正性（納得性）」を重んじることで、日本の組織に個性の尊重と組織に活気を吹き込むことの価値と意味合いを再認識させることが重要になるのではないだろうか。

62.　いわゆる「失敗」で真摯になるのか

　失敗の経験を活かして成功を収めるという意味の、「失敗は成功のもと」という表現がある。しかし本当にそんなことがあるだろうか。もちろんすべてのケースを考えるのは不可能なので議論をある程度限定する必要はあるが、一般的に失敗は成功のもとになるのであろうか。

　ほとんどの失敗はそのまま失敗で終わり、不愉快な結果となって、人間を失望させ、力が抜けるものであろう。また確率的にいうならば、世の中には成功より失敗の方がはるかに多いであろう。では、なぜ失敗は成功のもと、というのか。それは、あくまでも「結果論」であり、なかなかそんな風にはならないと考えた方が自然であろう。つまり、何度失敗を繰り返しても失敗で終わらせずに耐え続け、ようやく最後に成功を収めたからこそ、結果として、「失敗は成功のもと」ということになるのであろう。

　ここで重要なのは、失敗をどう見るか、失敗をどう生かすかであって、失敗に対する姿勢というか、受け止め方、あるいは意味の与え方であろう。い

わゆる一種の鈍感力とでもいうべき失敗に対する考え方、あるいは理解の姿勢というものの存在が重要であるように思える。失敗しても諦めずに、勇気や期待・希望をもってそこからまた新たに挑戦することが重要ではないかと考える。つまり成功するまで失敗し続けることであろう。成功という終着点にたどり着くまでのすべての失敗は、成功のための価値ある過程であって、決して通常の意味での「失敗」ではないと考えることが大事であるといえよう。

　やや話が変わるが、ここでもう１つ重要な論点は、失敗しても決して意固地になったり失望したりせず、むしろ謙虚さや真摯な姿勢に昇華するためにはどうすればよいかであり、ニッポンの社会慣習においてこのような失敗から立ち直らせるためのシステムを構築することが大事ではないかということである。

　この間友人から聞いた話であるが、大事なプロジェクトを前にそのための打ち合わせがあった。ところが彼はその打ち合わせの時間に３分ほど遅れたらしい。彼が遅れて会議室に入ったら、もうすでに自分の代わりに同じ部署の同僚が本番の会議のメンバーとして参加していたというのである。このような風景をどのように解釈すればよいのであろうか。

　筆者はここで、時間を守ることの大切さを強調したいのではなく、その遅れたという一種の失敗への対応の仕方とそれの受け止め方に関して考えたいのである。待ち合わせや打ち合わせの時間に遅れないようにするのは、いうまでもなく大人の社会人として守るべきオキテであるとはいえよう。しかし人間である以上、一度や二度はこのようにやむを得ず約束の時間に遅れることもあるのではないか。

　問題は、このようなこと（失敗）が起こったときのそれを受け止める周りの姿勢や考え方に関することである。ニッポン社会は、どうしても失敗（間違い）の受け止め方や対応の仕方に厳しすぎるところがあって、その対応に柔軟性が欠けているような気がするのである。もちろん遅れたこと（失敗）自体をかばうつもりはまったくない。しかし普通の人間社会ならばこのよう

な失敗や間違いはどうしても起こりうること、むしろ起こらないと思う方が不自然だろう。しかしながら、ニッポンの社会にはこのようなことへの対応ないし姿勢にはかなり厳しいものがあり、硬直的思考があるように思える。つまりニッポン社会には、失敗を許さない硬直性があり、その硬直性の存在がニッポン社会をさらに硬直させている側面があるのではないかと考える。
　ニッポンにおいて失敗は、成功のもと（＝成功へのプロセス）であるのか、あるいは人間や社会を硬直させ、再挑戦する勇気や気持ちを奪うダメ出しなのかに注目したいところである。失敗から立ち直るために欠かせないのは、失敗に負けずに次のチャンスを与えられる社会的システムの整備や、ある意味根拠のない勇気をもって再挑戦する気持ちになれるかどうかである。社会も個人も頭も体も本当に柔軟でなければならないのではないか。失敗が許されず、心が硬直化してしまったら絶対に立ち直れないのが、私たち人間の弱さであろう。
　人間は実に弱い生き物であって、強くてたくましく見える人でもその心は弱いのが普通の人間であろう。特に失敗を経験した人間への対応の仕方によって、人間は謙虚になる場合もあれば、意固地になる場合もある。二度と失敗をしないように注意を払うことは大切だが、失敗の結果、その人間が意固地になっては何の意味もない。失敗は起こってしまった結果であって、それがもう後戻りできないことであるならば、それをなるべく柔軟に、前向きに受け止めること、そしてその失敗の経験を活かせるようにすることが大事ではないだろうか。そこに縛られてずっと気を奪われたまま立ち直れないでいるよりも、失敗に囚われすぎず意固地にならないようにする方が重要ではないかと考える。
　特に若者文化やベンチャー精神との関連においていえることは、「失敗を負けとみなす文化」を「失敗から立ち直り攻めていく文化」に変えていくこと、すなわち、失敗を許容し、失敗から立ち直って真摯さを身につけることを期待するのであり、柔軟性をなくさないようにみんなが見守り、助けてあげることができれば、人間社会、特にニッポン社会は失敗が失敗のまま終わ

ることなく、成功のもとになるような柔軟な社会に変わるのではないだろうか。

63. 日本の「閉塞感」はどこから来ているのか

　今の日本には一種の「閉塞感」があり、苦しいと感じている人々が多いようだ。この日本的「閉塞感」はどこからきているのだろう。
　閉塞感とは、特に精神的に閉じふさがっている感じで、先が見えない状況が続いて不安な状態に置かれた際に生じる感情である。しかしどのような社会でも一定の閉塞感というものはありうるもので、このような苦しい閉塞感からいかに脱出するかが重要であり、この閉塞感を打開することに意味があるのではないか。以下では、日本的閉塞感の現状を踏まえながら、その原因について検討し、そこから脱出するための方策について考えてみることにしたい。
　あえて日本的閉塞感と表現したのは、今の状態が他の国・時代の一般的な現象とはやや違う側面があるからである。例えば、その原因の1つとしてあげられているのが、経済的な不況の持続である。しかし、今の経済的不況や低迷は日本だけのことではなく、むしろ世界的な一般現象であり、日本よりもさらに停滞している国はいくらでもある。はっきりいって、近年中国以外のほとんどすべての国々は経済的にかなり苦しんでいるはずである。アメリカやヨーロッパでさえその国家信用度を落としており、EU加盟国も韓国も元気がなく危険といわれている。それではなぜ、特に日本の経済的低迷状況だけが大きく浮き彫りになってきているのであろうか。いろいろといわれているが、その1つに不況の持続性があると思われる。
　最近まで「失われた10年」といっていたのに、つい最近には「失われた20年」ともいわれるようになった。国・社会だけでなく個人もまた「20年間」も経済的・財政的に苦しい状態が続いているというのでは、どこか変になるのではないかと思う。元気がないどころか、精神的にもおかしくなるの

はむしろ自然な成り行きであろう。

　ここでまず1つ結論を出すとすれば、至急この持続的な低迷状況を終わらせることに全力を尽くすべきであろう。何よりもそこに集中することが大事ではないかと思われる。つまり経済的不況から脱出するためには、成長とか発展などを無理に考えるべきではなく、まずは経済的低迷状況を止めることに集中するのが第1であるということである。まずはその持続性にメスを入れ、続いている低迷状況を止めないことには、脱出や打開の手段が見えてこないように思われる。今の経済的不況から一気に脱出しようという無理な考え方がかえって邪魔になり、なかなかその方向性が見えにくくなっているのではないか。この経済的低迷の持続的状況を止める作業には、総合的・構造的な取り組みが必要になってくるが、様々な手段のなかで何よりも「制度（政策）」が有効であるように思える。

　つまり、物事を改善する際には、「制度」と「意識」の両方からの相互作用が有効であるが、なかなか手段が見つからず、しかも多くの人々が迷ったり不安を感じたりしているときには、やはり「制度」の改善が先にまとまって行われるのが効果的であろう。先に打った「制度」の改善が有効になり始めたら、今度は市民の「意識」に刺激を与える多様な対策（市民運動や社会的キャンペーンなど）が必要であろう。ここでその「制度」の具体的な例をすべて指摘することは困難であるが、その方向性は何よりも「雇用」の活性化が優先されるべきであり、雇用の回復や活性化ができなければ、社会の心理的消費もなかなか連鎖的に回復していかないのではないかと考える。

　この一種の日本的ともいうべき「閉塞感」（すべての人々が同じような「閉塞感」を感じているわけではないが）の根底には、持続的不況以外にもいろいろな原因が存在するであろう。「閉塞感」を感じること自体も問題ではあるが、問題の深刻さは、この「閉塞感」の構造化、固定化、拡大化、深化が進行している点にあるように思える。そしてそこには、一種の精神的な側面が隠されていると考える。

　それは端的にいうならば、日本社会の「硬直性」である。日本社会に蔓延

する「緊張」こそが、この社会の構成員を硬直させ、そしてそのつまるところに「閉塞感」が存在するのではないかと考える。朝から晩まで、幼いころから死ぬ直前まで、「他人に迷惑をかけない」ことをしきりにいわれ続けて神経をすり減らす民族が他にいるだろうか。人間関係や人と人とのコミュニケーションが大事であるとよくいわれる時代であるが、人間関係とはむしろ他人にうまく（？）迷惑をかけることではないだろうか。迷惑をまったくかけない人間関係や他人とのコミュニケーションの取り方なんてものが存在するだろうか。この他者との関わりのなかに日本社会特有の緊張感があり、その緊張感が自分と他人との人間関係を硬直させ、そこに日本的な「閉塞感」を生じさせているのではないかと思える。もう少し柔らかい社会になって、もう少し緊張しない人間関係やコミュニケーションがとれる仕組みがあればよいと思う。社会の仕組みや人間関係、他人とのコミュニケーションの際に柔軟性がなければ、今の「閉塞感」は消えないのではないだろうか。

　日本の社会が今の「閉塞感」から脱出するためには、雇用の活性化政策などを通して、長年続いている今の経済的低迷の悪い循環を断ち切る必要がある。そして構造化・固定化された緊張感と硬直性から自由になって、より柔軟性をもてるように方向転換していくことをここで提言しておきたい。

　人が20年間も道に迷う（失われた20年）と、笑顔が失われ精神的余裕もなくなってしまう。何度も聞かれたり指摘されたりするうちに緊張し、ついには体も心も硬くなり、最後には息苦しくなって、「閉塞感」を覚えるのであろう。流れる水も空気も、そして人間同士のコミュニケーションも、風通しがよくなければ閉じ込められて腐ってしまい、ついには死にいたる病に襲われるのであろう。

64. 日本社会の病理現象

　いつの時代、どこの地域や国においても、そのすべてのシステムや仕組みが合理的でしかも正しいということはまずないであろう。またその逆の状態

も考えられない。というのは、すべてのシステムや発想には、それなりにいくつかの問題があり、また改善点や真剣に検討してこなかったこと、見逃したこと、足りないことなどが存在するはずであろう。しかし重要なのは、それらの問題を発見したり、認めたりして、何らかの工夫や試みを通して改善・変革していく覚悟と勇気をもつことである。いくら現実に頻繁に起こり、繰り返されていたとしても、それが問題であることに気づき、そして問題として認めなければ話が始まらないのである。物事をありのままに素直に眺め、そして真摯に受け止めて、あえて特別な意味を与えることこそ、社会における変革のスタートラインなのであろう。

今の日本社会にも当然のごとくいくつかの病理的現象が存在しており、その改善や改革の前には、まずそれを病理として見極め、病理現象として認めることから始めなければならないであろう。ここでは日本社会に存在する病理現象について少し問題提起をしたい。

まず指摘されるのは、「まじめ症候群」である。日本人ほどまじめな国民はおそらくいないであろう。幼いころからまじめに振る舞うことを要求される。その後もまじめに働くこと、まじめな生活習慣を強要される。今までの人生経験から考えてみると、世の中タダで手に入れられるような容易なことは1つもなかったような気がする。それが人生なのかもしれないが、そのように考えると日本の「まじめさ」は決して悪いことではなく、むしろよい点がたくさんあるように思える。この辺はみんなが認めざるを得ないであろう。しかし問題なのは、それが行き過ぎてしまうことであり、やりすぎた行動や発想が他人を縛り、結局は自分で自分の首を絞めることになってしまう。

人間は動物の一種ではあるが、一人前になるまでに相当の時間と苦労と手間のかかる未熟で面倒な生き物であると思われる。一人前の自立した人間になるまでにどれだけの苦労をし、経験を重ね、失敗を繰り返さなければならないのかを考えると、気が遠くなるであろう。その意味で日本の「まじめさ」は人間を単純化することに貢献している面がある。つまり、最初から物事にまじめに接近すると、かなり失敗を防げるのである。しかし、「失敗」

イコール「悪」であるならば話は簡単だが、長い人生において、はたして「成功」だけが「善」なのだろうか。目に見える形で何か問題が現れない限り、すべてがうまく行っているのであろうか。騒いだり、戸惑ったり、迷ったりすることはすべて望ましくないのであろうか。それは少し違うのではないか。日本の「まじめさ」の危うさがこんなところにあると思う。

　物事に真剣に取り組むことには異論がないが、必要以上に緊張したり、発想や行動が硬くなり過ぎたりして、必要とする柔軟性を失い、思いもよらない間違いが発生して、結果的に自分で自分の首を絞めることになるかもしれない。負けたら開き直ってまた戦えばよく、間違えたらやり直せばよいし、ミスを起こしたら今度やるときはそこに多少気をつければ済む話であろう。失敗したらまた挑戦すればよいのである。期待されるまじめさもほどほどにして、頭を柔らかくすること、多少の過ちや失敗を許すこと、再チャレンジできること、何すべてに対し一生懸命にならなくても済むことが、根底に存在する隠された誤りを発見したり、新たな創造につながったりするのではないかと感じる。たまには、頑張らなくてよいのではと思う。

　もう１つ指摘される日本の病理現象とは、「思考停止症候群」であろう。社会がこれだけ（よい意味で）成熟してくると、すべての物事への判断が、前例に委ねられることが多くなる。つまり前例に照らして物事を判断し、処理していくことが望まれるのである。しかし話を変えれば、前例がないとその分戸惑いを感じ、判断できなくなって他に責任転嫁を考えるようになり、結果「思考停止」状態になるのではないかと思える。

　日本の社会を眺めてみると、自分の頭で物事を判断し、自分流に行動すること、自分の意志で決めることが苦手な社会であるように思われる。極端にいえば、自分の頭で判断することが許されない社会システムである。つまり自ら思考停止を望むのではなく、社会システムがそのような状況を強要しているような気がする。難しくて誰にもできないのは別に悪いことでも何でもない。人間社会というのは、できないことに対する受け止め方にも多少の柔軟性がある方が望ましいのではないか。できないと思ったことも何とか工夫

してできるようにさせること、できないと決められていた従来の決まりがあらためて考えてみたら実は不合理だったとか、今の段階ではしょうがないけれどもささやかなところに改善の余地があったとか、やる前に少し考えてみたら別の側面が実は重要であったとか、いくらでも対応の余地が出てくるように思える。日本の「思考停止」は、安全・安心思想という神話に縛られて、何も起こらない静かな結果だけが望まれ、前例のないことはあえて考えないという悪い癖が付いた結果のような気がしてしょうがないのである。

そしてここでもう1つ指摘したいのは、「安全・安心症候群」である。安全・安心な生活を望むのは人間のごく自然な発想であり、決して不自然でも悪いことでもないはずである。しかし日本の「安全・安心症候群」とは、自身の身の回りだけでなく社会のすべての場面において安全・安心の神話が成り立っていると考えるところに無理があるのではないか。

日本民族の長い歴史のなかで、常に安全・安心の神話が活かされ、平和な国ニッポンを作り上げてきたといってよいであろう。島国であるという特殊的な地政学的事情からもある程度恩恵を受けてきたとは思われるが、やはり日本人の意識の奥底で、安全・安心の神話が働いていたといえよう。

日本の「安全・安心症候群」は、国や社会全体がそれを保つために、常にリスクを回避しようとする傾向を見せてきたといえよう。すべてのリスクを回避するのは不可能なので、その分かなり無理をするような傾向が生まれてきたともいえる。

「安全・安心」を求める意識は、社会の多様なリスクを回避しようとし、人々を内向きにさせる傾向を生み出した。外に向かって何かに挑戦しようとすることを避け、現状にとどまろうとする受動的な姿勢を見せてきたといえよう。また、「安全・安心」を最優先する意識は、自分からその状態を崩さないようにしようとする傾向をもたらし、結果的に他人の意見や主張に耳を傾けないという望ましくない傾向も作りあげてしまった。異文化への理解や他者との関係性、そして新しいことへの挑戦などに否定的な思考をもつようになり、いわゆる「ガラパゴス化」現象を生み出してきたともいえるであろ

う。

　近年、アメリカへの日本人留学者数の低下が目立っていると指摘されるが、それもまたこのような日本人や日本社会に内在する「安全・安心症候群」がその背景にあるのではないか。もちろん、今の時代において、アメリカへの留学者数を云々するのは、ややナンセンスかもしれない。しかし問題は、アメリカという社会がよいとか悪いとかといった単純な発想ではなく、世界中から集まる人々との人間ネットワークの形成とか新しい人間関係の構築という側面の重要性であろう。アメリカ留学者の数の増減が重要な意味をもつところは、そこがアメリカ社会だからではなく、そこに集まる世界人のネットワーク化が注目されるからではなかろうか。そのパワーを過小評価してはいけないであろう。

　異文化・他民族との関係は、それ自体も重要ではあるが、もっと大事なのはそこから広がる人的ネットワークと多様なチャンスへの挑戦、そして他者との触れあいから生まれる新しい可能性というものではないだろうか。その意味において、近年のアメリカへの留学傾向を見ると、韓国や中国、インドからの留学生が依然として増えているのに対して、日本人留学者数が激減しているのは問題があるといわざるを得ない。日本の「安全・安心症候群」は堅固な神話となって現在もなお生きているように思える。今の時代、日本社会には、そこから脱皮し、内向きな「安全・安心」から前向きないし外向きに公開された「信頼」を求めるよう、その方向性に大きな転換が求められているように思える。ここで指摘した3つの日本の社会的病理現象からの脱皮を急がなければならないだろう。

　今、世界は、個性や自立、自分らしさが問われる時代になってきているような気がする。グローバル化が進み、隠し事なくすべての情報がオープンな社会になりつつある。日本も、自ら考える「思考の活性化」を進め、失敗しても再チャレンジが可能なより柔軟で活気のある開かれた社会になることを期待したい。また内向きの発想からの脱皮も必要だろう。今はすべてが変化しつつある時代である。明日どうなるかわからない時代であるともいわれて

いる。緊張し、硬直していたら負けであろう。柔軟でなければいくら頑張っても勝てないのではないだろうか。そういう時代であることを認識しておきたい。

65. 今のニッポンで、「夢」をもつこと、「希望」をもつことの意味

　サッカーや野球のようなスポーツの試合では、負けているときにこそ応援が必要であろう。今のような苦しく閉塞感のあるニッポンであるからこそ、夢をもつこと、希望を捨てないことが大切であると思う。夢をもつと人間は幸せになる。ここでいう夢とは寝ている間に見る夢のことではなく、将来なりたい、あるいはやりたいと目指す目標のようなもの、できたらいいなあと思える漠然とした何かのことである。そして希望というものは、そのようなものがあると信じている人にはちゃんと存在するものであるが、そんなものはもうないと思っている人にとっては存在しないのではないかと感じる。

　夢（Dream）はもち続けることに、希望（Hope）は最後の最後まで諦めない（捨てない）ことに意味と価値があると思う。また苦しいときにこそ、夢や希望というものはもっと意味があって、価値があり、力になるものであると考える。

　夢は自分の心のなかに隠してもっていることにも意味はあるが、わざと外に向かって語るときにその輝きが増し、心が温まり、幸せを感じさせるのではないか。また夢は叶うかどうかというその結果に焦点を当ててはいけないのではないかとも思う。つまりその夢が叶ったからといって、偉いもの、価値のあるものということにはならないのであって、叶わない夢は無駄で意味がないのかというと決してそうではないだろう。夢が叶うかどうかは単なる結果であって、それ以上でもそれ以下でもない話である。つまり夢とは、もち続けることにその意味と価値があるのであり、叶うかどうかはまったく別の話であるといえよう。

　夢はもつことに意味があり、叶ったかどうかとは関係がないと述べた。叶

うかどうかにこだわるのは、夢の話（次元）ではなく、実現可能性（成果や結果）の話である。もはやそれは夢ではなく目標や計画に近い概念であろう。そこに夢と目標（計画）の違いがある。目標と夢とは似たような概念に思えるかもしれないが、目標とはそこに到達するための方向性を示すという、いわゆる道しるべのような具体的なものであるのに対して、夢は行き先を示す道しるべとは関係の薄いもっと漠然とした概念に近く、夢をもっていること自体が意味をもつようなものであるといえよう。

また希望というものは、最初から自然に存在するものではないが、かといって最初からまったく存在しないというものでもない、実に不思議なものであるといえる。希望とは、あると信じる人にとっては存在するものだが、そんなものは存在しないと思う人にとっては本当に存在しないのである。希望とは、誰も通ったことのない山の中や野原にある、雑草が生い茂っている道のようなものである。それは、1人の人間が通っていき、そしてまた他の人々が通っていくことで自然にできた道のようなものである。希望とは、そのような山のなかに自然にできた道のように、絶対あると信じる人たちのおかげで、いつの間にかできているようなものなのである。本来、希望とは、あるともいえないし、ないともいえないものである。そして希望は、諦めないこと、捨てないことにその価値と意味があり、あると信じること自体に意味がある。

そして夢と希望は、苦しいとき、負けているときに、そのパワーや価値が発揮される点にその類似点がある。また夢と希望は自然に生まれるものというよりは、あえてその存在を信じ、意識してもつことによってようやく芽生え、存在価値が生じ、真の力が発揮されるのである。夢と希望をもち続けることは、今のニッポン社会に存在する閉塞感から脱出するための重要なカギであり、栄養剤（サプリメント）のようなものかもしれない。夢と希望は、私たちに勇気を与え、次第に力となり、結局は宝のような存在になるであろう。夢と希望が息苦しい今の社会に生きる意味を教えてくれる最後のありがたい存在であることを信じることで、今までの人生の苦しかった道のりにもめげ

ずに、再び勇気をもって未来の明るい人生に向かって歩き出す力が湧いてくるかもしれない。

　最近、日本で希望学が流行している。学問としての希望学の発展自体も興味深いが、今なぜ日本で希望学なのかということの方により興味があるところである。特に東京大学の玄田有史氏の『希望のつくり方』（岩波書店）によってその広がりを見せた希望学は、希望という個人レベルの心理と感情を社会科学の対象にし、希望と社会の相互作用を明らかにするプロジェクトである。ここ最近の日本の若年無業者の増加は、景気停滞の影響のみでなく、自分の将来の目標となる希望が見出せない結果でもあろう。国際比較からも、日本では将来を悲観し希望がもてないと感じる人々が多いという。

　夢と希望は苦しい時代にこそ、その存在価値と意味があるといった。そして夢は、単にもつだけでなく、外に発信することによってより進展する可能性が高くなり、希望もまたもち続けることにより価値があると指摘した。玄田氏の話を借りれば、そこにとどまることなく、希望をつくること（Hope is a Wish for Something to Come True by Action）が重要であるといわれる。

　そして「夢」をもつ人は幸せになるが、筆者は、「夢む（向）こう夢」をもつ人は偉大になるであろうと考える。筆者は日本の社会が単なる夢をもつことにとどまることなく、夢むこう夢をもつことを提案したい。ここでいう「夢むこう夢」とは、筆者の造語であるが、なぜそのような夢をもとうとするのか、そして夢が叶った後、何をどうしようとするのかを語ることである。「夢むこう夢」についてもう少し説明することにしたい。

　「夢むこう夢」をもつ人の唯一の阻害要因（障壁）は、「自分自身」であり、夢むこう夢とは、夢をもつ人が、自分自身を克服（超える）することである。夢むこう夢とは、まるで「北極星」を探すようなものである。つまり、（人生の）方向性を探すということである。夢むこう夢のもつ法則とは、「絶対に、負けないこと（捨てない、あきらめない）」である。もし、ものすごくツライときにどうするか。そのときは、絶対後ろ向きにならないで（負けずに）、ただそこにとどまるしかないかもしれない。静かで謙虚に今を待つことも重要で

ある。昔の英雄は、戦争で活躍した英雄であった。今の英雄は、夢をもつ人である。夢をもち、それを実現した後、さらにまた夢むこう夢をもち続ける人である。

　夢には夢の6原則（5W1H）がある。それは、1. 誰が（Who）——自分が、2. いつ（When）——いま、3. どこで（Where）——ここで、4. 何を（What）——夢を（夢むこう夢を）、5. なぜ（Why）—??（自分ではなく）他人（世の中）のために、6. どうやって（How）——最後まで（絶対、諦めずに）、である。そして夢は、必ず叶えると信じることが大事であるといわれる。夢がある（もつ）と幸せになる。夢むこう夢をもつと「偉大になる」のである。夢をもち、その夢が叶うことにも意味があるが、その夢にとどまることなく、夢むこう夢をもつことが大切である。医者になることを夢見て日々努力をし、医者になる（夢が叶う）ことにも十分に意味があるが、そこにとどまることなく、どんな医者になるか、つまり貧困地域の子供たちのためのお医者さんになりたい、難病に苦しむ人々を助けるお医者さんになりたい、という夢が、まさしく夢むこう夢なのである。長い人類の歴史上、多くの国にたくさんの大統領がいた。なかでもアメリカのリンカーン（Abraham Lincoln）大統領は偉大な人物であった。なぜ彼が偉大な人なのであろうか。それは普通の人々がもった大統領になりたい夢をもつことにとどまることなく、他人のために命を捧げる大統領になりたいという夢むこう夢があった人だからである。今の日本には夢をもつこと、希望をもつことが大切なことであるように思える。そしてもっというのであれば、多くの日本人が夢をもつことにとどまることなく、もっと偉大な夢むこう夢をもつことを大いに期待する。

エピローグ

　ここ2年間ほどは筆者にとって長いながら楽しい発見の一人旅であった。母国韓国にて大学を卒業し、初めて来日したのは、まさしく昭和の時代が終わろうとした1988年3月末のことであった。幼いころから詩を書く文学少年だった私は大学では英文学を専攻していたのに、アメリカやイギリスではなく日本に来たのはなぜだったのだろう。不思議でしょうがない。1980年代後半は、日本の国内はバブルの真っ最中であり、韓国から見た日本は世界第1位の経済大国であった。日本は、商売と貿易の国、礼儀やサービスの国、エコノミックとビジネスの国であったし、日本的な経営スタイル（雇用慣行システム）が脚光を浴びていた時代であった。その憧れで日本に来たのかもしれない。

　韓国にいたころとは違って、日本に来てからは好きなように勉強し、日々努力を重ね、来日して8年後の1996年3月に「雇用問題の日韓比較」を中心テーマにした博士論文で経営学博士号を取った。立教大学創立123年（当時）にして、韓国人留学生の博士号第1号であった。純粋に嬉しかった。日本に残ることを勧められたが、母国に帰って母校で貢献したかった。しかしその素朴な夢は叶わなかった。当時の韓国社会、そして大学・教授の世界は偏見だらけだった。今もさほど変わってはいないが、韓国の大学の世界では、アメリカの大学の博士号でなければ通用しなかった。日本に残ることを勧めてくれた諸先生や先輩を振り切って帰国したこと、母校で後輩たちのために貢献したいという安易な自分の考え方に後悔の連続の日々だった。すぐにでも再び日本に戻りたかったが、なかなか実現できなかった。そうするうちに、母校ではないが、別の大学で教鞭を取ることができるようになった。その後すっかり韓国社会、大学・教授社会に馴染み、個人的には普通の大学教員としての平凡な生活を送っていたものの、自分としては意味のない日々であり、無意味な時間だけが過ぎていった。むなしかった。日本に戻るため、日本語

で論文を書き、いくつかの著書も書き始めた。その後数回にわたって来日し、日本の学会での発表などを続けながら、周りの先生や先輩方にたくさん相談した。帰国してからちょうど10年が過ぎたある日、突然チャンスが訪れた。個人史のなかではこの韓国の大学で過ごした時間を「失われた10年」と表現していたが（笑）、その長い時間を乗りこえたところで今の職に就いた。2006年4月、大学院開設をきっかけに、思わぬ偶然性（セレンディピティ）に恵まれ、縁あって跡見学園女子大学マネジメント学部に赴任してきた。今度も純粋に嬉しかった。しかしもっと嬉しかったのは、立教時代からの指導教員である菊野一雄先生と研究室が隣同士になったことである。大学院開設をきっかけに一緒に赴任することになったのである。何と面白い人生だろうと思った。先生とは、立教で出会ってからもう25年以上の時間がたつ。考えてみればちょうど自分が来日し立教で初めて出会ったときの先生の年齢に自分自身が今その歳になっているのである。何と人生とは面白いのか。先生には感謝の気持ちでいっぱいである。恩返ししなければと常に思っている。

　楽しく教えながら充実した生活を送っていたときに、プロローグに書いた2人の人物との偶然の出会い・ちょっとした対話をきっかけにこの本が生まれた。私は研究者なので、日本での最初の著書は専門の研究書にしたかったが、考えてみれば大学の教員とは研究者であると同時に、教える立場の教育者でもあるので、何かを考えさせる自分流の文章の固まりであるこのような形のものもまたよかったと思う。

　韓国の大学で10年、日本の大学で9年という時間が過ぎた。その間研究者として、そして教育者としていろいろな経験を積み、そのなかでいろいろなことを感じてきた。特に日本と韓国の大学での経験を活かして、2つのシステムや仕組み、発想の違い、そして教授社会や教育現場の違い、学生諸君の違いなどを何らかの形で伝えたいという気持ちがあった。それらの違いに関する理解は私個人の経験として受け止めることも大事ではあるが、その違いを発信することから新しい発想が生まれるのであれば、学生に引き継がれていくことも期待したい。今の学生は決して世間からいわれるような未熟で

特色のない存在ではなく、素直で無限の可能性のある存在だと常に思っている。その眠っている可能性に火をつけることが、このささやかな本書のなかの１つのつぶやきからできるのであれば、教員としてこれ以上の喜びはない。

　そしてもう少し欲張ったことをいわせてもらうならば、多くの日本の社会人にも、日本と韓国の違い、ニッポンのどこがよくてどこがおかしいのか、それは実はこんなことであった、より根底にあるこのようなことがもっと大事なのではないか、これはまたどう考えたらよいのか、それは実はこのようにも考えられるのではないか等、いわゆる発想の転換のためのささやかな材料になるものが提供できるのであれば幸いである。実際、私自身この本のなかで提起したたくさんの問題は、いわゆる発想の転換のための練習問題みたいなものであると思っている。

　　2014年9月9日
　　　　　　　　　　　　　　　　　　大安の日、研究室にて　崔　勝渼

◆略　歴◆
崔　勝淏（CHOI, SEUNG-HO）
　　1964年10月9日韓国・大邱生まれ。1987年大邱大学校卒業。1996年立教大学大学院経済学研究科博士課程修了（経営学博士）。1998～2006年（韓国）加耶大学校助教授。2006年4月より跡見学園女子大学マネジメント学部准教授を経て、現在教授。
　　韓国人事組織学会理事（2004～2005年）、韓国ホテル経営学会理事（2004～2005年）、韓国職業能力開発院e-learning審査委員（2002～2006年）、日本労務学会会員、社会デザイン学会理事（2010年4月～）。
　　著書に、『企業と経営』、『人事管理論』、『現代日本経済の研究』、『企業経営とリスク・マネジメント』など多数（以上、韓国語）。論文に、「いわゆる『非正規化』は『雇用不安』になるのか―不安はどこから来るのか―」（2012/12）*Social Design Review* Vol. 4、「企業の社会的責任（CSR）論の再検討」（2010/3）跡見学園女子大学マネジメント学部紀要、「『ワーク・ライフ・バランス論』再考」（2009/11）日本近代学研究第26輯（韓国日本近代学会）、「日本における雇用形態の多様化と働く女性のキャリア形成」（2007/8）日本近代学研究第17輯（ほか多数）。
　　担当科目は、（学部）企業経営入門、人的資源管理論、（大学院）人材マネジメント特論、演習など。

外から見た日本の雇用

2014年10月8日 第1版1刷発行

著 者 ─ 崔 　 　 勝 渂
発行者 ─ 森 口 恵 美 子
印刷所 ─ 松 本 紙 工
製本所 ─ グ リ ー ン
発行所 ─ 八千代出版株式会社

〒101-0061 東京都千代田区三崎町2-2-13
TEL 03(3262)0420
FAX 03(3237)0723
振替 00190-4-168060

＊定価はカバーに表示してあります。
＊落丁・乱丁本はお取り替えいたします。

ISBN978-4-8429-1636-1　　Ⓒ 2014 Printed in Japan